Cuisine
DES
ÉTUDIANTS

1001
RECETTES

SOLAR
EDITIONS

ACRAS DE CABILLAUD AU PIMENT

Préparation : 10 min • Cuisson : 20 min • Pour 2 personnes

200 g de filet de cabillaud • 1 tranche de pain de mie • 3 tiges de persil • 1 c. à c. de piment fort • 1 œuf • 1 c. à s. de farine • huile d'olive • sel et poivre

- Faites cuire le cabillaud au four à 180 °C pendant 15 min. Sortez le cabillaud, laissez-le refroidir.

- Écroûtez le pain de mie. Hachez le persil.

- Écrasez la chair du cabillaud dans un saladier à l'aide d'une fourchette, ajoutez le piment, le persil, l'œuf et la mie de pain émiettée.

- Formez des boules de cette préparation dans la paume de vos mains et roulez-les dans la farine, puis secouez-en l'excédent.

- Faites dorer les acras dans une poêle antiadhésive avec 1 filet d'huile d'olive pendant 5 min environ.

Acras au piment doux

Pour une saveur plus douce, remplacez le piment fort par du piment d'Espelette.

Acras de lotte

Remplacez le cabillaud par la même quantité de lotte.

Acras aux petits pois et à la coriandre

Ajoutez 60 g de petits pois cuits ainsi que quelques feuilles de coriandre fraîche ciselées pour une saveur bien parfumée.

Acras antillais à la morue

Remplacez le cabillaud par de la morue puis ajoutez 1 c. à c. de piment de Cayenne.

BLINIS À LA CRÈME AU CÉLERI

Préparation : 10 min • Cuisson : 10 min • Pour 20 blinis

150 g de farine à levure incorporée • 250 ml de lait • 1 œuf • 120 g de fromage râpé • 3 c. à s. de ciboulette ciselée • huile • 120 g de fromage à tartiner de type Philadelphia™ • 1 branche de céleri

- Mettez la farine dans un saladier. Creusez-y un puits et versez-y le lait et l'œuf légèrement battu.

- Fouettez les ingrédients en partant du centre et en incorporant la farine petit à petit, jusqu'à l'obtention d'une pâte lisse.

- Ajoutez le fromage râpé et la ciboulette.

- Faites chauffer une poêle non-adhésive légèrement huilée à feu moyen. Déposez-y des cuillerées de pâte et faites cuire pendant 2 min. Retournez les blinis et poursuivez la cuisson pendant 1 min.

- Réservez les blinis obtenus et répétez les opérations jusqu'à épuisement de la pâte.

- Détaillez la branche de céleri en petits dés et mélangez-les avec le fromage à tartiner dans un saladier.

- Une fois les blinis refroidis, tartinez un tiers des blinis de crème au céleri, posez un blini par-dessus, puis tartinez-les de nouveau et surmontez avec les blinis restants.

Blinis au curry

Ajoutez 1 c. à c. de curry en poudre à la préparation des blinis.

Crème au thon

Préparez des rillettes de thon en remplaçant le céleri par 1 boîte de thon au naturel.

Blinis au concombre

Ajoutez des dés de concombre par-dessus la crème de céleri.

Blinis au saumon fumé à l'aneth et au citron

Préparez une crème en mélangeant quelques brins d'aneth ciselés avec un filet de citron. Déposez ensuite des morceaux de saumon fumé sur chaque blini.

Boulettes au poulet

Remplacez l'agneau par la même quantité de poulet pour une saveur plus douce.

Boulettes épicées au piment d'Espelette

Pour une saveur plus épicée, ajoutez du piment d'Espelette.

Boulettes aux petits pois

Ajoutez 80 g de petits pois cuits à la fin de la préparation.

Boulettes tandoori

Pour une version indienne, ajoutez 1 c. à s. rase de mélange d'épices tandoori.

BOULETTES DE POIS CHICHES À L'AGNEAU

Préparation : 15 min • Cuisson : 22 min • Pour 15 boulettes

Pour les boulettes : ½ oignon • 1 gousse d'ail • 30 ml d'huile d'olive • 1 c. à c. de cumin en poudre • ½ c. à c. de coriandre moulue • 1 pincée de piment en poudre • 200 g de pois chiches en boîte • 200 g de viande d'agneau hachée • 1 c. à s. de coriandre ciselée • sel et poivre

Pour la sauce au yaourt : ½ concombre • 140 g de yaourt à la grecque • ½ c. à s. de coriandre ciselée • sel et poivre

● Hachez l'oignon. Écrasez l'ail. Faites-les revenir à feu moyen dans une poêle avec 1 c. à s. d'huile d'olive pendant 2 min. Ajoutez le cumin, la coriandre moulue et le piment et poursuivez la cuisson pendant 2 min, jusqu'à ce que les parfums s'exhalent. Réservez.

● Rincez les pois chiches, égouttez-les, puis mixez-les.

● Mélangez les pois chiches avec la préparation à l'oignon, la viande hachée et la coriandre ciselée dans un saladier. Salez et poivrez.

● Prélevez des cuillerées de préparation et formez des boulettes en les roulant dans la paume de vos mains.

● Faites chauffer le reste de l'huile dans une poêle à feu vif. Faites cuire les boulettes en plusieurs fois, pendant 3 min de chaque côté. Égouttez-les sur du papier absorbant.

● Pendant ce temps, réalisez la sauce au yaourt. Hachez finement le concombre. Mélangez-le avec le yaourt et la coriandre ciselée dans un bol.

● Servez les boulettes de pois chiches à l'agneau accompagnées de sauce au yaourt.

BROCHETTES DE POULET AU MIEL ET À LA MOUTARDE

Préparation : 10 min • Cuisson : 6 min • Marinade : 1 h • Pour 8 brochettes

½ orange • 1 c. à s. de moutarde à l'ancienne • 1 c. à s. d'huile aromatisée à l'ail • ½ c. à s. de romarin haché • 1 c. à s. de miel • 8 filets de poulet

- Prélevez le zeste de l'orange, puis pressez-en le jus.

- Réalisez une marinade en réunissant le zeste et le jus d'orange, la moutarde, l'huile, le romarin et le miel dans un saladier. Mélangez bien.

- Placez les filets de poulet dans le saladier et recouvrez-les bien de marinade. Couvrez et faites-les mariner au réfrigérateur pendant 1 h.

- Pendant ce temps, faites tremper 8 piques à brochettes en bois dans de l'eau pendant 30 min.

- Placez chaque filet de poulet sur un pique à brochette. Faites griller les brochettes de poulet dans une poêle pendant 3 min de chaque côté.

Brochettes de porc au miel et à la moutarde

Remplacez le poulet par du filet mignon de porc.

Brochettes de poulet au chorizo

Coupez les filets de poulet en morceau et ajoutez un morceaux de chorizo entre chaque morceau de viande.

Brochettes à la sauce barbecue

Remplacez le miel et la moutarde par 1 c. à s. de sauce barbecue.

Brochettes de poulet à l'abricot

Coupez les filets de poulet en morceaux et ajoutez une moitié d'abricot entre chaque morceau de viande.

BRUSCHETTAS AU POIVRON ET AU PASTRAMI

Préparation : 10 min • Cuisson : 10 min • Pour 12 bruschettas

pain au levain (ou, à défaut, du pain de campagne) • 1 bocal de piments grillés marinés de 140 g • ½ oignon • 2 c. à s. de feuilles de basilic • 1 c. à s. d'huile d'olive • 100 g de ricotta • 12 fines tranches de pastrami • sel et poivre

- Préchauffez le four à 190 °C.

- Coupez le pain en tranches de 1 cm d'épaisseur. Placez les tranches sur une plaque à four garnie de papier sulfurisé et faites-les cuire au four de 8 à 10 min, ou jusqu'à ce qu'elles soient croustillantes.

- Rincez les piments marinés, égouttez-les et coupez-les grossièrement. Émincez finement l'oignon.

- Placez les piments, l'oignon les feuilles de basilic et l'huile d'olive dans un saladier. Mélangez bien. Salez et poivrez.

- Tartinez le pain grillé de ricotta, ajoutez une tranche de pastrami sur chaque bruschetta, puis surmontez d'un peu de mélange au poivron mariné.

Bruschettas au bacon

Remplacez le pastrami par du bacon. Faites chauffer les tranches de bacon à la poêle puis déposez-les sur les bruschettas.

Brushettas au cheddar

Remplacez la ricotta par du cheddar. Découpez de fines tranches de cheddar et placez-les sur le pain avant d'ajouter la garniture au piment.

Bruschettas aux courgettes

Faites revenir 1 courgette à la poêle, coupez-la en petits dés puis ajoutez-les sur la bruschetta.

Bruschettas au chorizo

Remplacez le pastrami par des tranches fines de chorizo.

Bruschettas au fromage de brebis

Pour une saveur plus prononcée, remplacez la feta par du fromage de brebis type Etorki®.

Bruschettas au thon

Ajoutez quelques miettes de thon en boîte sur chaque bruschetta.

Bruschettas aux aubergines

Coupez 1 aubergine en rondelles, puis faites-la cuire au four pendant 20 min à 200°C avec 1 filet d'huile d'olive. Détaillez-la ensuite en dés, puis déposez-les sur les bruschettas.

Bruschettas au pain complet

Remplacez le pain au levain par du pain complet. Vous pouvez également utiliser du pain aux noix.

BRUSCHETTAS AUX LÉGUMES ET À LA FETA

Préparation : 10 min • Cuisson : 30 min • Pour 4 bruschettas

1 citron • ½ c. à s. de menthe ciselée • ½ c. à s. d'origan ciselé + un peu pour servir • 200 g d'assortiment de tomates cerises • 100 g de feta • 50 g d'olives noires • huile d'olive • ½ c. à s. de vinaigre de vin rouge • 4 tranches épaisses de pain au levain (ou, à défaut, de pain de campagne) • ½ gousse d'ail • sel et poivre

- Préchauffez le four à 200 °C.

- Prélevez les zestes du citron et pressez-en le jus. Mélangez les zestes de citron, la menthe, l'origan dans un bol. Salez et poivrez.

- Mettez les tomates cerise sur une plaque à four garnie de papier sulfurisé. Mettez les olives et la feta émiettée sur une autre plaque à four garnie de papier sulfurisé.

- Versez le jus de citron et 2 c. à s. d'huile d'olive en filet sur les tomates, ainsi que sur les olives et la feta.

- Faites cuire au four de 15 à 20 min. Enlevez la feta et les olives du four au bout de 10 à 15 min, quand la feta est dorée.

- Arrosez de 1 filet d'huile d'olive et réservez.

- Préchauffez le gril du four.

- Badigeonnez les tranches de pain d'huile d'olive, puis mettez-les sur une plaque à four. Faites-les dorer au four de 4 à 5 min de chaque côté.

- Frottez ensuite les tranches de pain grillé avec la demi-gousse d'ail.

- Déposez les tomates cerise, la feta et les olives à parts égales sur chaque tranche de pain. Parsemez d'origan et servez.

BRUSCHETTAS AUX LÉGUMES GRILLÉS ET À LA MOZZARELLA

Préparation : 10 min • Cuisson : 15 min • Pour 4 bruschettas

1 courgette • 2 c. à s. d'huile d'olive • 1 c. à c. d'origan ciselé • 4 tranches de ciabatta (ou, à défaut, de pain complet) • 2 c. à s. de tapenade de poivron rouge • 1 boule de mozzarella de 250 g • quelques tranches de poivron grillé • feuilles de basilic

- Préchauffez le gril du four.

- Lavez la courgette et coupez-la en fines tranches dans la longueur.

- Placez-les sur une plaque à four garnie de papier sulfurisé, puis badigeonnez-les avec la moitié de l'huile à l'aide d'un pinceau.

- Parsemez les tranches d'origan, puis faites-les cuire au four de 1 à 2 min de chaque côté, jusqu'à ce qu'elles soient légèrement grillées. Réservez.

- Badigeonnez les tranches de ciabatta avec le reste d'huile. Faites-les griller au four de 2 à 3 min de chaque côté, jusqu'à ce qu'elles soient bien dorées.

- Tartinez les tranches de ciabatta de tapenade, puis ajoutez des tranches de courgette et des morceaux de mozzarella à parts égales sur chaque tranche.

- Placez les tranches sur la plaque à four et faites-les dorer sous le gril du four de 4 à 5 min, jusqu'à ce que le fromage soit fondu.

- Ajoutez des tranches de poivron grillé et des feuilles de basilic sur les bruschettas et dégustez bien chaud.

BRUSCHETTAS DE POULET AU CURRY

Préparation : 10 min • Cuisson : 45 min • Pour 2 personnes

½ oignon • 1 gousse d'ail • 1 c. à s. d'huile végétale • 1 c. à s. de pâte de curry doux • 2 filets de poulet (environ 175 g) • 200 ml de lait de coco • ½ poivron rouge • ½ baguette • 100 g de fromage râpé • ½ piment rouge haché • 2 c. à s. de feuilles de coriandre fraîches

● Préchauffez le four à 180 °C.

● Émincez l'oignon et écrasez la gousse d'ail. Faites revenir l'oignon et l'ail à feu vif dans une grande poêle avec l'huile de 3 à 4 min.

● Ajoutez la pâte de curry et poursuivez la cuisson en remuant pendant 1 min, jusqu'à ce que les arômes s'exhalent.

● Ajoutez ensuite le poulet émincé et laissez cuire de 2 à 3 min, jusqu'à ce que la viande soit dorée. Puis versez le lait de coco et portez à ébullition.

● Baissez le feu et ajoutez le poivron coupé en dés. Laissez mijoter à feu doux de 12 à 15 min, jusqu'à ce que le mélange épaississe.

● Pendant ce temps, coupez la baguette en deux dans le sens de la longueur, puis chaque moitié en deux.

● Mettez les morceaux de pain sur une plaque à four garnie de papier sulfurisé et faites-les cuire au four de 8 à 10 min, jusqu'à ce qu'ils soient dorés.

● Garnissez les tranches de pain de poulet au curry, parsemez-les de fromage râpé et de piment rouge haché.

● Faites cuire au four pendant 15 min, jusqu'à ce que le fromage soit fondu. Ajoutez quelques feuilles de coriandre sur les bruschettas et servez bien chaud.

Bruschettas au curry rouge

Pour une saveur plus épicée, remplacez la pâte de curry doux par de la pâte de curry rouge, beaucoup plus forte.

Bruschettas au bœuf

Remplacez le poulet par la même quantité de bœuf.

Bruschettas au poulet et au fromage frais

Tartinez chaque bruschetta de fromage frais avant d'y ajouter la garniture.

Bruschettas au parmesan et à la tomate

Supprimez le curry et le lait de coco. Ajoutez 1 grosse tomate coupée en dés à la préparation en même temps que le poivron, et parsemez 100 g de parmesan râpé sur le poulet avant de passer les bruschettas au four.

BURGERS À L'AGNEAU

Préparation : 20 min • Repos : 30 min • Cuisson : 10 min • Pour 4 burgers

1 oignon rouge • 1 gousse d'ail • 1 petit piment rouge • 500 g de viande d'agneau hachée • 1 c. à s. de miel • 1 c. à c. de cumin en poudre • ½ c. à c. de curcuma en poudre • 1 c. à s. d'huile d'olive • 4 petits pains ronds • quelques feuilles de salade • ½ betterave râpée • 1 carotte râpée • 3 c. à s. de mayonnaise • 1 c. à s. de coriandre ciselée + quelques feuilles pour servir • 1 c. à s. de sauce chili douce • sel et poivre

● Épluchez l'oignon et hachez-le finement. Pelez la gousse d'ail et écrasez-la. Épépinez le piment rouge et hachez-le finement.

● Mélangez la viande hachée, l'oignon, l'ail, le piment, le miel et les épices dans un saladier. Mélangez bien, salez et poivrez.

● Séparez la préparation en quatre parts égales. Façonnez-les en boule, puis écrasez-les pour former des disques. Faites-les reposer au réfrigérateur pendant 30 min.

● Faites chauffer l'huile dans une grande poêle à feu vif. Faites revenir les steaks de 4 à 5 min sur chaque face, jusqu'à ce qu'ils soient cuits à cœur.

● Pendant ce temps, mélangez la mayonnaise avec la coriandre ciselée et la sauce chili dans un bol.

● Coupez les petits pains en deux. Tartinez la partie inférieure de mayonnaise, ajoutez des feuilles de salade, un steak, de la betterave et de la carotte râpées et quelques feuilles de coriandre. Refermez les petits pains et servez.

Burger végétarien

Remplacez l'agneau par 400 g de tofu émietté. Vous pouvez ajouter 1 carotte râpée à la préparation.

Burger oriental

Remplacez le cumin et le curcuma par 2 c. à c. d'épices à couscous pour une saveur orientale. Ajoutez 80 g de pois chiches en boîte rincés et égouttés à la viande hachée.

Burger à la dinde

Remplacez l'agneau par de la dinde hachée et ajoutez 1 tranche de gruyère dans chaque burger.

Burger d'agneau à la menthe

Ajoutez 2 c. à s. de menthe fraîche ciselée à la viande hachée.

BURGERS AU POULET ET À L'AVOCAT

Préparation : 15 min • Repos : 30 min • Cuisson : 20 min • Pour 4 burgers

1 avocat • ½ oignon rouge • 75 g de grains de maïs en boîte • 250 g de poulet haché • 50 g de chapelure • 2 c. à s. de persil ciselé • 1 œuf • 35 g de farine • 1 c. à c. d'huile d'olive • 4 petits pains ronds • mayonnaise • quelques feuilles de salade • 1 tomate • sel et poivre

- Pelez l'avocat et coupez-le en deux. Réservez-en la moitié et réduisez l'autre en purée à l'aide d'une fourchette. Émincez finement l'oignon rouge. Rincez les grains de maïs et égouttez-les.

- Mélangez la viande hachée, la chapelure, l'avocat écrasé, l'oignon, le maïs, le persil et l'œuf battu dans un saladier. Mélangez bien, salez et poivrez.

- Séparez la préparation en quatre parts égales. Façonnez-les en boule, puis écrasez-les pour former des disques.

- Saupoudrez les steaks ainsi obtenus de farine, ôtez-en l'excédent, puis faites-les reposer au réfrigérateur pendant 30 min.

- Faites chauffer l'huile dans une grande poêle. Faites cuire les steaks de poulet de 4 à 5 min sur chaque face à feu moyen, jusqu'à ce qu'ils soient dorés et cuits à cœur.

- Coupez les petits pains en deux. Tartinez-en la partie inférieure de mayonnaise, ajoutez des feuilles de salade, un steak de poulet, des tranches de tomate et d'avocat par-dessus. Refermez les pains.

Burgers au poisson

Remplacez le saumon par un filet de colin. Vous pouvez également réaliser cette recette avec du poisson pané.

Burgers au lait de coco

Ajoutez 2 c. à s. de lait de coco dans la sauce.

Burgers au poulet

Remplacez le saumon par du poulet. Supprimez le curry et saupoudrez le poulet de 1 c. à c. de paprika.

Potatoes

Lavez soigneusement 4 ou 5 pommes de terre, mais ne les épluchez pas. Coupez-les en quartiers, placez-les dans un plat avec 1 filet d'huile d'olive puis faites-les cuire au four à 200°C pendant 30 min, tout en remuant de temps en temps.

BURGERS DE SAUMON

Préparation : 15 min • Repos : 10 min • Cuisson : 10 min • Pour 2 burgers

Pour les burgers : 1 c. à s. d'huile végétale • 2 filets de saumon de 100 g pièce • 1 c. à s. de pâte de curry vert • 2 petits pains ronds • 2 poignées de jeunes pousses • 1 oignon vert • quelques feuilles de menthe fraîche • sel et poivre

Pour la sauce : ½ bouquet de coriandre ciselée • 1 yaourt nature • 100 g de petits pois cuits surgelés et décongelés • 1 gousse d'ail • sel et poivre

● Tartinez une face de chaque filet de saumon de pâte de curry. Laissez reposer pendant 10 min.

● Pendant ce temps, émincez finement l'oignon vert, et hachez grossièrement la menthe. Mélangez les jeunes pousses, l'oignon vert et la menthe dans un saladier. Salez et poivrez.

● Réalisez la sauce. Mélangez la coriandre ciselée, le yaourt, les petits pois et la gousse d'ail écrasée dans un bol. Salez et poivrez.

● Faites chauffer l'huile dans une grande poêle à feu moyen. Placez les filets de saumon face badigeonnée de curry vers le bas et faites-les cuire de 3 à 4 min.

● Retournez-les et poursuivez la cuisson de 1 à 2 min, jusqu'à ce qu'ils soient juste cuits. Réservez dans une assiette.

● Coupez les petits pains en deux. Garnissez-en la moitié de salade, ajoutez les filets de saumon par-dessus, puis surmontez le tout de sauce au yaourt. Refermez les petits pains et servez accompagné de la salade restante.

COMPOTÉE DE POIVRONS AU PIMENT

Préparation : 30 min • Cuisson : 1 h • Pour 1 bocal

1 oignon • 2 tomates • 2 piments rouges longs • 1 c. à s. d'huile d'olive • 75 g de sucre brun • 50 ml de vinaigre de cidre • 2 poivrons rouges • sel

- Épluchez l'oignon et émincez-le finement. Lavez les tomates et hachez-les. Épépinez les piments et hachez-les finement.

- Faites revenir l'oignon avec l'huile dans une grande poêle à feu moyen pendant 5 min jusqu'à ce qu'il devienne translucide.

- Ajoutez les tomates, les piments, le sucre et le vinaigre. Salez.

- Portez à ébullition, puis baissez le feu et laissez mijoter à couvert pendant 15 min, en remuant de temps en temps.

- Pendant ce temps, préchauffez le gril du four.

- Coupez les poivrons en quartiers, épépinez-les et ôtez-en la membrane blanche. Placez-les, peau vers le haut, sur une plaque à four garnie de papier sulfurisé.

- Faites cuire les poivrons sous le gril du four pendant 4 min, jusqu'à ce que la peau se boursoufle et noircisse.

- Placez alors les poivrons dans un sac plastique alimentaire et laissez refroidir pendant 5 min. Pelez ensuite les poivrons, puis coupez-les en fines lamelles.

- Ajoutez les poivrons dans la préparation à la tomate, laissez cuire le tout à découvert pendant 45 min, jusqu'à ce que la préparation épaississe.

- Versez la préparation dans un grand bocal et laissez refroidir avant de servir.

CRACKERS AU CHUTNEY À LA MANGUE

Préparation : 10 min • Cuisson : 5 min • Pour 1 bol de chutney

1 petit oignon rouge • 1 petit piment rouge frais • 1 mangue fraîche • 1 c. à s. de sucre brun • 1 c. à s. d'huile végétale • 1 c. à s. de vinaigre de cidre • 1 c. à s. de coriandre ciselée • 125 g de camembert • crackers, pour servir

● Épluchez l'oignon rouge et émincez-le finement. Ôtez les graines du piment et hachez-le finement.

● Épluchez la mangue, ôtez-en le noyau et détaillez-la en dés.

● Faites revenir l'oignon rouge, le piment et le sucre avec l'huile dans une poêle à feu modéré.

● Laissez cuire en remuant de 2 à 3 min, ou jusqu'à ce que le sucre se dissolve et que l'oignon blondisse.

● Retirez la poêle du feu et ajoutez immédiatement le vinaigre et la mangue, puis mélangez bien.

● Laissez refroidir la mixture dans la poêle, puis parsemez-la de coriandre.

● Garnissez les crakers de tranches de camembert, puis surmontez-les d'un peu de chutney.

Chutney à la mangue

Quand les mangues ne sont pas de saison, utilisez de la mangue en conserve. Égouttez-la bien avant de l'utiliser.

Sandwichs au chutney

Tartinez des tranches de pain de mie de chutney, puis garnissez-les de tranches de camembert et de feuilles de laitue. Refermez les sandwichs.

Chutney à l'abricot

Préparez un chutney à l'abricot en remplaçant la mangue par 4 abricots moyen.

Chutney à la mangue et au chèvre

Pour une saveur plus fraîche et légère remplacez le camembert par du chèvre.

En accompagnement

Utilisez ce chutney pour accompagner vos viandes froides.

Croque-monsieur au chèvre et au pesto

Ajoutez 1 tranche de fromage de chèvre et 1 c. à c. de pesto au centre de chaque croque.

Croque-monsieur au cheddar

Remplacez le gruyère par du cheddar et ajoutez 1 c. à c. de confiture d'oignons dans chaque croque.

Croque-monsieur au jambon de Bayonne

Remplacez le jambon de Paris par du jambon de Bayonne et ajoutez quelques tomates séchées émincées dans chaque croque.

Croque-monsieur au pain complet

Remplacez le pain de mie par du pain de mie complet. Ajoutez 1 pincée de thym émietté au centre de chaque croque.

CROQUE-MONSIEUR

Préparation : 5 min • Cuisson : 10 min • Pour 2 personnes

beurre à température ambiante • 4 tranches de pain de mie
• 2 tranches de jambon de Paris • 2 tranches de gruyère • sel

- Beurrez les tranches de pain de mie.

- Disposez 1 tranche de jambon et 1 tranche de gruyère sur 2 tranches de pain de mie. Salez.

- Refermez les croque-monsieur avec les 2 tranches de pain de mie restantes.

- Faites chauffer les croque-monsieur dans une grande poêle pendant 5 min sur les deux faces, jusqu'à ce qu'ils soient dorés.

- Servez bien chaud.

CROQUE-MONSIEUR AU BACON

Préparation : 5 min • Cuisson : 10 min • Pour 2 personnes

4 tranches de bacon • beurre à température ambiante • 4 tranches de pain de mie • 2 tranches de gruyère • sel

- Faites revenir quelques minutes les tranches de bacon à la poêle. Réservez.

- Beurrez les tranches de pain de mie.

- Disposez 2 tranches de bacon et 1 tranche de gruyère sur 2 tranches de pain de mie. Salez.

- Refermez les croque-monsieur avec les 2 tranches de pain de mie restantes.

- Faites chauffer les croque-monsieur dans une grande poêle pendant 5 min sur les deux faces, jusqu'à ce qu'ils soient dorés.

- Servez bien chaud.

Croque-monsieur à la moutarde

Ajoutez 1 c. à c. de moutarde au centre de chaque croque-monsieur.

Croque-monsieur à l'oignon et au bacon

Faites revenir 1 gros oignon émincé avec 1 filet d'huile dans une poêle jusqu'à ce qu'il soit bien doré, puis ajoutez-le dans les croque-monsieur.

Croque-monsieur English Breakfast

Cassez 2 œufs dans la poêle puis brouillez-les avec les tomates à l'aide d'une cuillère en bois jusqu'à ce que le mélange épaississe.

Croque-monsieur au bacon et au maïs

Ajoutez 1 c. à s. de maïs en boîte au centre de chaque croque.

DIP DE CAVIAR D'AUBERGINE

Préparation : 10 min • Cuisson : 45 min • Pour 3 personnes

1 aubergine • 1 gousse d'ail • le jus de ½ citron • 1 c. à s. de coriandre ciselée • pain aux olives • crudités (radis, concombre et carottes en bâtonnets, tomates cerises, etc.) • sel et poivre noir du moulin

- Préchauffez le four à 220 °C.

- Disposez l'aubergine sur une plaque à four et faites-la cuire pendant environ 45 min (plus ou moins en fonction de sa taille). Des rides doivent apparaître sur la peau de l'aubergine.

- Laissez l'aubergine refroidir, puis coupez-la en deux.

- Prélevez-en la chair à l'aide d'une cuillère et mixez-la finement.

- Placez-la dans un bol, puis ajoutez la gousse d'ail pelée et hachée, le jus de citron et la coriandre. Mélangez, et servez avec le pain aux olives et les crudités.

Flans aux asperges

Remplacez la courgette par la même quantité d'asperges coupées en tronçons de 2 cm. Mélangez-les à part avec 1 c. à s. d'huile et ajoutez-les aux légumes dans le four 5 min avant la fin de la cuisson.

Flans au cabillaud

Remplacez le saumon frais par du cabillaud.

Flans au lait de coco

Remplacez le lait par du lait de coco pour apporter une touche d'exotisme à votre recette.

Flans aux poireaux et au saumon

Faites revenir 100 g de poireaux avec 1 filet d'huile d'olive dans une poêle pendant 10 min environ, jusqu'à ce qu'ils soient fondants et ajoutez-les à la préparation.

FLANS À LA COURGETTE, AU POIVRON ET AU SAUMON

Préparation : 15 min • Cuisson : 40 min • Pour 6 petits flans

1 patate douce de 225 g environ • ½ poivron rouge • 1 petite courgette de 130 g environ • 1 petit oignon • 1 c. à s. d'huile d'olive • 2 œufs à température ambiante • 3 blancs d'œufs à température ambiante • 125 ml de lait • 1 c. à s. de persil ciselé • 100 g de filet de saumon • salade, pour accompagner • sel et poivre

- Préchauffez le four à 190 °C. Épluchez la patate douce. Détaillez la patate douce, le poivron et la courgette en cubes de 2 cm. Épluchez l'oignon et détaillez-le en fines rondelles.

- Placez les dés de légumes et les oignons dans un saladier et arrosez-les avec l'huile d'olive. Mélangez bien pour enrober les légumes. Versez le contenu du saladier sur une plaque à four garnie de papier sulfurisé et faites cuire au four pendant 20 min, ou jusqu'à ce que les légumes soient dorés et tendres.

- Retirez ensuite les légumes du four et laissez-les refroidir légèrement. Baissez la température du four à 160 °C. Battez les œufs, les blancs d'œufs, le lait et le persil dans un saladier. Salez et poivrez.

- Rincez et égouttez le saumon, puis détaillez-le en petits morceaux.

- Garnissez un moule à muffins de papier sulfurisé (ou, à défaut, des ramequins allant au four). Disposez des morceaux de saumon et des légumes au fond de chaque cavité à parts égales, puis recouvrez-les avec l'appareil à flan.

- Faites cuire au four pendant 20 min, ou jusqu'à ce que la pointe d'un couteau ressorte sèche lorsque vous la piquez au centre d'un des flans. Laissez les flans refroidir sur une grille. Servez-les avec de la salade en accompagnement.

FLANS DE PETITS LÉGUMES

Préparation : 10 min • Cuisson : 45 min • Pour 4 flans

200 g de petits pois frais écossés • 2 oignons nouveaux • 4 carottes nouvelles • 4 œufs • 40 cl de crème fraîche entière • 1 pincée de noix de muscade râpée • sel et poivre du moulin

- Faites cuire les petits pois à l'eau bouillante salée pendant 20 min.

- Pendant ce temps, épluchez l'oignon et hachez-le. Épluchez les carottes, puis découpez-les en petits dés. Faites-les cuire à l'eau pendant 5 min.

- Préchauffez le four à 180 °C.

- Battez les œufs dans un saladier. Incorporez la crème fraîche, salez, poivrez et muscadez.

- Répartissez les petits pois, les carottes et les oignons dans des petits ramequins allant au four, puis versez l'appareil à flan.

- Faites cuire au four chaud de 20 à 25 min en surveillant la fin de la cuisson.

Flans aux brocolis

Faites cuire quelques têtes de brocoli dans une casserole d'eau bouillante salée pendant quelques minutes, égouttez-les bien et ajoutez-les à la préparation ainsi que des petits lardons dégraissés.

Flans aux courgettes et au curry

Coupez 4 courgettes en dés et ajoutez 1 c. à c. de curry en poudre à la pâte. Supprimez les petits pois.

Flans aux champignons

Ajoutez 100 g de champignons de Paris émincés à la préparation aux légumes.

Flan aux épinards et au chèvre

Remplacez les petits légumes par 1 botte d'épinards et ajoutez quelques tranches de fromage de chèvre sur le dessus avant d'enfourner.

Friands à la moutarde

Tartinez les bandes de pâte feuilletée de moutarde avant d'y enrouler les saucisses cocktail.

Friands au fromage et aux saucisses

Répartissez de fines tranches d'emmental sur les bandes de pâte feuilletée et enroulez-les avec les saucisses.

Friands aux mini-boudins blancs

Remplacez les saucisses par des mini-boudins blancs.

Friands au chorizo

Remplacez les saucisses par des mini-chorizo.

FRIANDS AUX SAUCISSES ET AU SÉSAME

Préparation : 15 min • Cuisson : 25 min • Pour 15 friands

1 rouleau de pâte feuilletée • 24 saucisses cocktail • 1 œuf • 1 c. à s. de graines de sésame • sauce à la tomate, pour accompagner

- Préchauffez le four à 180 °C.

- Étalez la pâte sur le plan de travail et coupez-la en bandes de la largeur des saucisses cocktail.

- Commencez par un bord, enroulez une saucisse cocktail dans la pâte, coupez l'extrémité de la pâte et pressez les bords pour les souder ensemble. Parsemez de graines de sésame.

- Répétez l'opération jusqu'à épuisement des ingrédients.

- Déposez les friands sur une plaque à four garnie de papier sulfurisé et faites-les cuire au four pendant 25 min, ou jusqu'à ce qu'ils soient gonflés et dorés.

- Servez les friands accompagnés de sauce à la tomate.

Frittata aux pommes de terre

Ajoutez 3 pommes de terre épluchées et coupées en tranches fines et 1 gros oignon haché dans l'appareil à frittata.

Frittata au chorizo

Remplacez le bacon par du chorizo fort.

Frittata à la courgette et au poivron

Faites revenir 1 poivron rouge et 1 courgette coupés en morceaux dans une poêle. Ajoutez-les à l'appareil à frittata avant de faire cuire le tout au four.

Frittata aux tomates confites et à la ricotta

Supprimez tous les ingrédients de la garniture et réalisez la recette en mélangeant l'appareil à frittata avec 100 g de tomates confites et 150 g de ricotta.

FRITTATA AU POULET, AU BACON ET AUX PETITS POIS

Préparation : 15 min • Cuisson : 40 min • Pour 4 personnes

Pour l'appareil à frittata : 6 œufs • 12 cl de crème fraîche • 125 ml de lait • 60 g de parmesan • sel et poivre

Pour la garniture : 4 tranches de bacon • 100 g de poulet cuit • 100 g de feta • 4 oignons verts • 150 g de petits pois surgelés et décongelés • 2 c. à s. de menthe ciselée • salade, pour accompagner

● Préchauffez le four à 180 °C.

● Beurrez un moule à pâtisserie carré de 20 cm de côté.

● Hachez le bacon et le poulet. Émiettez la feta. Hachez finement les oignons.

● Mélangez le bacon, le poulet, les petits pois, la feta, les oignons et la menthe dans un saladier.

● Préparez l'appareil à frittata. Cassez les œufs dans un saladier. Ajoutez la crème fraîche, le lait et le parmesan et fouettez vivement. Salez et poivrez.

● Versez la moitié de la préparation au poulet dans le moule à pâtisserie, versez l'appareil à frittata par-dessus, puis ajoutez le reste de la préparation.

● Faites cuire au four de 35 à 40 min, jusqu'à ce que la frittata prenne et dore sur le dessus.

● Servez la frittata en tranches, avec de la salade en accompagnement.

Préparation : 15 min • Cuisson : 25 min • Pour 4 personnes

Pour les galettes : 2 courgettes • 75 g de petits pois surgelés et décongelés • 50 g de fromage râpé • 50 g de farine • 2 œufs • 1 c. à s. d'huile végétale • sel et poivre

Pour le guacamole : 1 avocat bien mûr • le jus de ½ citron vert • huile d'olive • sel

- Lavez les courgettes et râpez-les.

- Mélangez les courgettes, les petits pois, le fromage râpé, la farine et les œufs battus dans un saladier. Salez et poivrez.

- Faites chauffer l'huile dans une grande poêle à frire. Faites cuire des cuillerées de pâte de 2 à 4 min de chaque côté, par lot de quatre. Égouttez-les sur du papier absorbant.

- Préparez le guacamole. Écrasez l'avocat dans un bol à l'aide d'une fourchette. Tout en mélangeant, ajoutez le jus de citron vert et 1 filet d'huile d'olive. Salez.

- Garnissez les galettes d'un peu de guacamole et servez.

Guacamole épicé

Relevez votre guacamole en y ajoutant quelques gouttes de Tabasco®. Vous pouvez également ajouter 1 ou 2 oignons verts finement hachés.

Galettes au bacon

Ajoutez 1 ou 2 tranches de bacon hachées à la préparation des galettes.

Guacamole de petits pois

Préparez un guacamole de petits pois en mixant 200 g de petits pois avec 50 g de fromage frais, 1 c. à s. de citron et 1 c. à s. de crème liquide. Ajoutez éventuellement quelques feuilles de menthe ciselée à la préparation.

Galettes de céleri-rave

Remplacez la courgette par la même quantité de céleri-rave.

Préparation : 15 min • Pour 4 personnes

1 poivron rouge • 1 concombre • 1 oignon • 4 tomates charnues
• 1 gousse d'ail • 100 g de pain de mie • 400 ml de bouillon de légumes
• 2 c. à s. d'huile d'olive • sel et poivre

● Coupez le poivron en deux, épépinez-le et ôtez-en la membrane blanche, puis détaillez-le en morceaux.

● Coupez le concombre en deux dans la longueur, épépinez-le, puis coupez-le en morceaux.

● Épluchez l'oignon et l'ail et hachez-les. Coupez les tomates en dés. Effilochez grossièrement le pain de mie.

● Mixez tous les ingrédients avec le bouillon et l'huile d'olive. Salez et poivrez.

Gaspacho à la pastèque

Remplacez le concombre par une tranche de pastèque de 400 g, épépinée et coupée en dés. Ajoutez également quelques feuilles de basilic.

Gaspacho de concombre

Mixez 250 g de concombre avec 100 g de fromage blanc, 80 ml de lait et 4 brins de menthe.

Gaspacho épicé

Ajoutez ½ c. à c. de Tabasco® à la préparation pour une version plus épicée.

Gaspacho de betterave

Mixez une betterave cuite avec 150 g de fromage frais et 3 feuilles de basilic. Ajoutez ensuite de l'eau petit à petit pour rendre la préparation plus lisse.

Gaufres aux pommes de terre

Mélangez 500 g de pommes de terre râpées, 15 cl de crème liquide et 2 œufs, incorporez 2 blancs d'œufs montés en neige. Faites cuire les gaufres dans un gaufrier chaud pendant 5 min.

Gaufres au cheddar et au bacon

Remplacez le jambon par du bacon et ajoutez 1 tranche de cheddar sur chaque gaufre.

Gaufres au chèvre, à la tomate et au basilic

Ajoutez 4 feuilles de basilic émincées et ½ gousse d'ail hachée à la pâte à gaufre. Déposez deux tranches de chèvre alternées avec 2 tranches de tomate sur chaque gaufre.

Gaufres au jambon cru et à la mozzarella

Coupez des morceaux de jambon cru et de mozzarella en très petits morceaux, puis ajoutez-les à la pâte à gaufres.

GAUFRES SALÉES AU JAMBON ET AU FROMAGE

Préparation : 20 min • Cuisson : 25 min • Pour 8 gaufres

Pour les gaufres : 230 g de farine • ½ c. à s. de bicarbonate de soude • 3 œufs • 300 ml de crème liquide • 2 c. à s. de marjolaine et de persil plat finement hachés • sel

Pour la garniture : 8 tranches de jambon • 2 tomates • 300 g de fromage (Appenzeller par exemple) • ½ c. à s. de marjolaine et de persil • poivre

- Préchauffez le gaufrier.

- Tamisez la farine dans un saladier. Ajoutez-y le bicarbonate de soude, les œufs, la crème liquide et ½ c. à c. de sel.

- Mélangez bien, puis ajoutez le persil et la marjolaine.

- Graissez le gaufrier. Faites cuire les gaufres dans le gaufrier de 3 à 4 min, puis laissez-les refroidir légèrement.

- Préchauffez le four à 240 °C.

- Coupez les tranches de jambon en deux. Lavez les tomates et coupez-les en rondelles. Détaillez le fromage en tranches.

- Disposez du jambon, des tranches de tomates et de fromage sur chaque gaufre.

- Déposez les gaufres sur une plaque à four garnie de papier sulfurisé et faites-les cuire au four pendant 4 min.

- Retirez les gaufres du four, poivrez et parsemez avec les herbes aromatiques.

Miniburgers au tartare de crevettes et de mangue

Coupez les crevettes et 1 mangue en petits dés. Mélangez-les dans un saladier avec 1 c. à s. d'huile d'olive, puis ajoutez un peu de cette préparation dans chaque miniburger.

Sauce cocktail

Remplacez la mayonnaise par une sauce cocktail en mélangeant 2 c. à s. de mayonnaise avec 3 c. à s. de ketchup et 1 c. à s. de nuoc-mâm.

Miniburgers au bœuf haché et au gruyère

Remplacez les crevettes par la même quantité de bœuf haché. Faites-le revenir à la poêle, puis garnissez-en les tranches inférieures des miniburgers. Parsemez de gruyère râpé, puis refermez les pains.

Miniburgers au veau haché et à la coriandre

Remplacez les crevettes par la même quantité de veau haché. Faites-le revenir à la poêle avec 1 c. à c. de coriandre séchée, puis garnissez les miniburgers de cette préparation.

Préparation : 10 min • Cuisson : 4 min • Pour 4 miniburgers

Pour les miniburgers : 500 g de crevettes crues parées et décortiquées • 1 c. à s. d'huile d'olive • 4 petits pains ronds • beurre • laitue iceberg • sel et poivre

Pour la mayonnaise : 1 jaune d'œuf • 1 c. à s. de jus de citron • 1 c. à s. de moutarde de Dijon • 300 ml d'huile • 1 c. à s. de zeste de citron • sel et poivre

- Salez et poivrez les crevettes crues et hachez-les. Formez 4 petits disques de cette préparation.

- Préparez la mayonnaise. Mélangez le jaune d'œuf, le jus de citron et la moutarde dans un bol. Ajoutez l'huile d'olive en filet, tout en fouettant continuellement. Ajoutez ensuite le zeste de citron, salez et poivrez.

- Faites revenir les disques de crevettes avec l'huile d'olive dans une poêle à feu moyen pendant 2 min de chaque côté.

- Coupez les petits pains en deux. Tartinez la partie inférieure de beurre, disposez un peu de laitue coupée en lanière par-dessus, ajoutez les crevettes cuites, un peu de mayonnaise et refermez les petits pains.

MINIQUICHES AU CHÈVRE

Préparation : 10 min • Cuisson : 40 min • Pour 4 miniquiches

2 gros oignons • 1 gousse d'ail • 30 g de beurre + un peu pour le moule
• 1 c. à s. d'huile d'olive • 2 œufs • 5 cl de crème fraîche • 2 c. à s.
d'estragon ciselé • 120 g de fromage de chèvre • 1 rouleau de pâte
brisée • sel et poivre

- Préchauffez le four à 200 °C.

- Épluchez les oignons et coupez-les en fines lamelles. Pelez
la gousse d'ail et pressez-la.

- Émiettez le fromage de chèvre.

- Faites chauffer le beurre et l'huile d'olive dans une grande poêle.
Faites revenir les oignons et l'ail de 4 à 5 min, jusqu'à ce qu'ils
dorent. Réservez.

- Déroulez la pâte sur le plan de travail. Découpez-y 4 disques
et garnissez-en 4 moules à tartelettes beurrés.

- Garnissez le fond des tartelettes de haricots secs et faites-les cuire
au four de 10 à 12 min. Retirez les haricots secs et remettez
les tartelettes au four de 4 à 5 min à 180 °C.

- Fouettez les œufs, la crème fraîche et l'estragon dans un grand
saladier. Salez et poivrez.

- Répartissez les oignons cuits dans les fonds de tarte, versez
l'appareil à quiche, puis ajoutez le fromage de chèvre par-dessus.

- Faites cuire au four de 12 à 15 min, jusqu'à ce que les miniquiches
soient juste prises.

ERIE MODÈLE
S-C
ROUGE
La mor
Elle a ré
ilier
croire
des médecins
soigner les pauvres

MUFFINS AUX OIGNONS GRELOTS

Préparation : 10 min • Cuisson : 25 min • Pour 6 muffins

50 g d'oignons grelots • ½ bouquet de persil plat • 400 g de chair à saucisse de veau • 1 c. à s. de moutarde au raifort • 1 pincée de paprika

- Préchauffez le four à 220 °C.

- Parez les oignons et coupez-les en deux. Lavez le persil, séchez-le et hachez-le.

- Mélangez la chair à saucisses, la moutarde, les oignons, le persil et le paprika dans un saladier. Pétrissez bien la préparation à la main.

- Garnissez les cavités d'un moule à muffin beurré de cette préparation (ou, à défaut, des caissettes en papier doublées).

- Faites cuire au four pendant 25 min environ.

Muffins aux poivrons et au chorizo

Ajoutez 50 g de chorizo pelé et coupé en dés à la préparation.

Muffins aux aubergines

Remplacez les poivrons par la même quantité d'aubergines.

Muffins aux poivrons et à la moutarde à l'ancienne

Ajoutez 1 c. à s. de moutarde à l'ancienne à la préparation.

Muffins au fromage frais à l'ail et aux noix

Réalisez la pâte à muffin et remplacez les poivrons par 50 g de fromage à l'ail et quelques cerneaux de noix hachés.

MUFFINS AUX POIVRONS

Préparation : 10 min • Cuisson : 25 min • Pour 6 muffins

60 g de poivrons rouges grillés • 115 g de farine • 1 c. à c. de levure chimique • 30 g de parmesan râpé • 2 c. à s. de ciboulette ciselée • 1 c. à s. de sucre en poudre • 90 ml de lait • 45 g de beurre fondu • 1 œuf

● Préchauffez le four à 180 °C.

● Détaillez les poivrons grillés en petits dés.

● Tamisez la farine avec la levure dans un saladier. Incorporez les trois quarts des dés de poivron (réservez le reste), le parmesan râpé, la ciboulette et le sucre, mélangez bien.

● Fouettez ensemble le lait, le beurre et l'œuf dans un saladier.

● Ajoutez la préparation à la farine en une seule fois. Mélangez jusqu'à ce que le mélange soit juste amalgamé (il restera peut-être quelques grumeaux).

● Remplissez les caissettes d'un moule à muffin beurré aux deux tiers de la hauteur. Parsemez des dés de poivrons restants.

● Faites cuire au four de 20 à 25 min, ou jusqu'à ce que les muffins soient dorés et cuits à cœur.

● À la sortie du four, démoulez-les et laissez-les refroidir sur une grille.

● Servez les muffins tièdes ou froids.

Nems aux crevettes

Remplacez le poulet par des crevettes cuites décortiquées. Vous pouvez également ajoutez des vermicelles de riz que vous aurez fait ramollir pendant 10 min dans de l'eau bouillante et coupé à l'aide de ciseaux.

Nems de poulet aux carottes

Faites revenir rapidement de fines lamelles de carotte à la poêle dans de l'huile de sésame et ajoutez-les dans la préparation au poulet.

Véritables nems aux galettes de riz

Utilisez des galettes de riz à la place des feuilles de brick. Trempez chaque galette dans de l'eau tiède pour la ramollir juste avant de l'utiliser.

Sauce teriyaki

Préparez une sauce teriyaki en mélangeant 6 c. à s. de sauce soja avec 3 c. à s. de mirin et 3 c. à s. de sucre semoule. Servez en accompagnement des nems.

NEMS DE POULET À LA CORIANDRE

Préparation : 20 min • Cuisson : 10 min • Pour 6 nems

Pour les nems : ½ gousse d'ail • ½ botte de coriandre • 200 g de blancs de poulet • ½ c. à s. de sauce soja • ½ c. à s. de gingembre frais râpé • 1 c. à s. de fromage blanc • 6 feuilles de brick • huile

Pour la sauce au miel : 2 c. à s. de miel liquide • 2 c. à s. de nuoc-mâm • 1 pincée de poivre

● Épluchez l'ail. Lavez, séchez et ciselez la coriandre. Dénervez les blancs de poulet.

● Mixez ensemble le poulet, l'ail, la coriandre, la sauce soja, le gingembre et le fromage blanc.

● Préparez les nems. Étalez une feuille de brick sur le plan de travail, déposez 1 c. à s. de préparation dans le bas des feuilles de brick, aux trois quarts de la hauteur. Repliez le bas de la feuille sur la préparation. Rabattez les deux côtés vers le centre et roulez le nem de bas en haut.

● Répétez ces opérations avec les autres feuilles de brick.

● Faites dorer les nems dans une poêle avec 1 filet d'huile pendant 10 min à feu doux, en les retournant régulièrement.

● Pendant ce temps, préparez la sauce au miel. Mélangez le miel liquide et le nuoc-mâm dans un bol, poivrez. Servez les nems avec la sauce à part.

NUGGETS DE POULET

Préparation : 10 min • Repos : 15 min • Cuisson : 15 min • Pour
15 nuggets

*80 g de corn flakes • 75 g de flocons de quinoa • 250 g de poulet haché
• 1 œuf • 1 c. à s. de persil ciselé • 40 ml d'huile d'olive • bâtonnets de
légumes (carotte, concombre, etc.), pour accompagner*

- Pilez soigneusement les corn flakes. Mélangez-les avec les flocons
de quinoa dans un saladier.

- Mélangez le poulet haché, l'œuf battu et le persil dans un autre
saladier. Ajoutez environ 25 g du mélange aux corn flakes et
mélangez de nouveau.

- Prélevez de petites portions de la préparation au poulet, formez-en
des boulettes, puis applatissez-les légèrement.

- Passez les nuggets ainsi obtenus dans le mélange aux corn flakes,
recouvrez-les bien.

- Laissez reposer au réfrigérateur pendant 15 min, de façon à ce que
les nuggets deviennent fermes.

- Faites chauffer l'huile dans une grande poêle à frire à feu moyen.
Faites cuire les nuggets par lots de 4 ou 5 pendant 5 min, en les
retournant en cours de cuisson. Égouttez-les sur du papier
absorbant.

- Servez les nuggets avec des bâtonnets de légumes.

ŒUFS À LA COQUE ET MOUILLETTES À LA TRUITE FUMÉE

Préparation : 10 min • Cuisson : 5 min • Pour 2 personnes

50 g de truite fumée • 25 g de beurre à température ambiante • 2 c. à s.
de jus de citron • 4 tranches de pain écroûtées • 2 c. à s. de ciboulette
ciselée • 2 œufs bio • poivre

- Mixez la truite avec le beurre et le jus de citron jusqu'à l'obtention d'une pâte. Poivrez généreusement.

- Faites toaster les tranches de pain au grille-pain ou, à défaut, au four à 200 °C jusqu'à ce qu'elles soient dorées et croustillantes.

- Tartinez les tranches de pain avec la préparation à la truite fumée, puis coupez-les en bâtonnets de 2 cm de large. Parsemez de ciboulette et réservez.

- Faites chauffer de l'eau dans une casserole à feu moyen. Quand l'eau bout, ajoutez les œufs délicatement à l'aide d'une cuillère.

- Laissez bouillir pendant 3 min, puis retirez les œufs et placez-les dans des coquetiers.

- Servez immédiatement avec les mouillettes à la truite.

Beurre de thym

Remplacez la truite fumée par quelques brins de thym.

Beurre de truite fumée à la coriandre

Ajoutez 4 feuilles de coriandre fraîche hachée et 1 pincée de poivre noir.

Beurre au thon

Remplacez la truite fumée par du thon en boîte au naturel bien égoutté. Ajoutez 1 pincée de piment de Cayenne avant de mixer.

Crème de carottes

Faites cuire 50 g de carottes dans une casserole d'eau bouillante, écrasez-les grossièrement à l'aide d'un écrase-purée, puis mélangez cette purée avec 30 g de fromage frais. Tartinez les tranches de pain de cette préparation.

Œufs cocotte festifs

Pour donner un air de fête à cette recette, vous pouvez remplacer la crème fraîche par quelques petits dés de foie gras et arroser avec 1 filet d'huile de truffes.

Œufs cocotte à la crème de poireaux

Coupez 80 g de poireaux en tronçons, placez-les dans un plat allant au four à micro-ondes et faites-les cuire avec un fond d'eau pendant 10 min sur maximum. Mixez-les ensuite avec la crème fraîche.

Œufs cocotte au potiron

Remplacez le poivron par de la purée de potiron. Faites cuire 1 tranche de potiron à la vapeur pendant 20 min environ et écrasez-la avec 2 à 3 c. à s. de lait de coco, 1 pincée de piment d'Espelette et ½ gousse d'ail pressée.

Œufs cocotte aux lardons et aux poivrons

Ajoutez quelques lardons préalablement dégraissés à la préparation.

Préparation : 5 min • Cuisson : 5 min • Pour 2 personnes

1 poivron rouge • 2 tiges de persil • 4 œufs • 4 c. à s. de crème fraîche épaisse • piment d'Espelette • poivre

- Placez le poivron au four à 200 °C pendant 20 min. Sortez-le du four et pelez-le. Coupez-le en lanières en retirant les graines. Salez et poivrez.

- Lavez le persil, séchez-le et hachez-le.

- Disposez 2 ramequins individuels sur votre plan de travail. Dans chacun d'eux, déposez 2 c. à s. de crème fraîche, cassez 2 œufs, ajoutez des lanières de poivrons, 1 pincée de piment d'Espelette, poivrez et parsemez de persil.

- Faites cuire au four à 200 °C pendant 5 min pour une cuisson des œufs mollets. Dégustez très chaud.

OMELETTE À LA TOMATE ET AUX SAUCISSES

Préparation : 10 min • Cuisson : 25 min • Pour 2 personnes

2 saucisses • 1 tomate • 1 pomme de terre cuite à la vapeur • 1 c. à s. d'huile d'olive • 4 œufs • 25 g de fromage râpé • 2 c. à s. de persil ciselé + quelques feuilles, pour servir • 4 tranches de pain de campagne grillées, pour accompagner • sel et poivre

● Coupez les saucisses en tronçons. Lavez la tomate et coupez-la en dés. Détaillez la pomme de terre en petits morceaux.

● Faites revenir les saucisses, la tomate et la pomme de terre avec l'huile dans une grande poêle à feu moyen de 5 à 6 min, jusqu'à ce que les saucisses soient cuites.

● Battez les œufs dans un saladier. Salez et poivrez.

● Versez les œufs battus dans la poêle. Faites cuire pendant quelques secondes, jusqu'à ce que les bords soient juste pris.

● Rabattez les bords cuits vers le centre à l'aide d'une spatule, et penchez la poêle pour que les œufs battus recouvrent toute la surface de la poêle.

● Répétez l'opération de 1 à 2 min, jusqu'à ce que l'omelette soit prise.

● Parsemez de fromage râpé et de persil ciselé, puis pliez l'omelette en deux, et faites-la glisser dans une grande assiette.

● Ajoutez quelques feuilles de persil pour décorer et servez l'omelette accompagnée de pain grillé.

PAPILLOTES DE POULET AUX ÉPICES DU MAROC

Préparation : 15 min • Cuisson : 40 min • Pour 2 personnes

½ gousse d'ail • ½ oignon • ½ courgette • 1 tomate • ½ bouquet de coriandre • ½ citron non traité • 2 blancs de poulet (150 g par personne) • 1 c. à s. d'huile d'olive • ½ c. à s. de ras el-hanout • sel et poivre

- Épluchez l'ail et l'oignon. Coupez la demi-courgette en tronçons, coupez la tomate en quartiers.

- Lavez la coriandre, séchez-la et hachez-la. Coupez le demi-citron en tranches.

- Faites dorer le poulet dans une sauteuse avec l'huile d'olive pendant 5 min.

- Découpez deux feuilles de papier sulfurisé. Déposez les morceaux de poulet au centre de chaque feuille et disposez les légumes autour. Ajoutez le ras el-hanout et la coriandre, salez et poivrez.

- Refermez les papillotes avec des agrafes ou de la ficelle de cuisson et faites-les cuire au four à 200 °C pendant 35 min.

- Ouvrez les papillotes et servez bien chaud.

Papillotes de pintade

Remplacez le poulet par de la pintade. Vous pouvez également réaliser ces papillotes avec des filets de poisson à chair blanche.

Papillotes de aux olives et citron

Supprimez le ras el-hanout. Ajoutez 1 citron coupé en rondelles et quelques olives vertes à la recette.

Papillotes aux patates douces

Ajoutez quelques dés de patates douces dans chaque papillote.

Papillotes aux raisins secs

Ajoutez 1 poignée de raisins secs que vous aurez préalablement fait tremper dans de l'eau (ou du thé).

Papillotes de poisson

Remplacez le poulet par du poisson blanc, cabillaud ou colin.

PÂTES AU SAUMON ET À LA ROQUETTE

Préparation : 15 min • Cuisson : 15 min • Pour 2 personnes

1 petite tranche de pain de seigle • 1 petite échalote • 1 gousse d'ail • 8 tomates séchées • 30 g de feuilles de roquette • 100 g de saumon fumé • 250 g de pâtes torsadées • 2 c. à s. d'huile d'olive • 1 c. à s. de pignons de pin • 12 cl de crème fraîche • le zeste et le jus de ½ citron

- Émiettez le pain de seigle. Épluchez l'échalote et l'ail, puis hachez-les. Émincez les tomates séchées.

- Hachez grossièrement les feuilles de roquette. Détaillez le saumon fumé en fines lamelles.

- Faites cuire les pâtes dans une grande casserole d'eau bouillante salée pendant 10 min, ou suivant les instructions mentionnées sur le paquet.

- Pendant ce temps, faites revenir les morceaux de pain avec 1 c. à s. d'huile de 2 à 3 min, jusqu'à ce qu'ils soient dorés.

- Ajoutez les pignons de pin et poursuivez la cuisson pendant 1 min, jusqu'à ce qu'ils soient légèrement grillés. Réservez à part.

- Faites revenir l'ail et l'échalote avec le reste d'huile d'olive dans la même poêle de 2 à 3 min. Ajoutez la crème fraîche, les tomates, le zeste et le jus de citron. Portez à ébullition.

- Égouttez les pâtes et mettez-les dans la casserole, versez la sauce par-dessus, puis ajoutez le saumon et la roquette. Salez et poivrez, mélangez.

- Parsemez avec les croûtons de pain et les pignons et servez immédiatement.

PURÉE AUX CAROTTES ET AUX PETITS POIS

Préparation : 40 min • Cuisson : 30 min • Pour 2 personnes

750 g de pommes de terre à chair farineuse • 1 petit oignon • 100 g de carottes • 150 g de petits pois surgelés et décongelés • 1 c. à s. de beurre fondu • 100 ml de bouillon de légume • 10 cl de demi-crème • 1 pincée de noix muscade râpée • sel et poivre

- Épluchez les pommes de terre et coupez-les en dés. Faites-les cuire dans une grande casserole d'eau salée pendant 20 min.

- Égouttez les pommes de terre, écrasez-les à l'aide d'une fourchette. Réservez à couvert.

- Hachez finement l'oignon, épluchez les carottes et coupez-les en lamelles.

- Faites revenir l'oignon, les carottes et les petits pois dans une casserole avec le beurre chaud pendant 3 min.

- Mouillez avec le bouillon et la demi-crème, ajoutez la noix muscade, salez et poivrez. Portez à ébullition, puis baissez le feu et laissez mijoter pendant 5 min à couvert.

- Égouttez les légumes et ajoutez-les à la purée de pommes de terre. Servez immédiatement.

Purée aux oignons et au jambon

Remplacez le poireau par 3 oignons verts et le bacon par du jambon cuit. Supprimez le chou.

Purée aux épinards

Remplacez le chou vert par la même quantité d'épinards hachés.

Purée de patate douce au bacon

Supprimez le chou, les pommes de terre et le poireau, et réalisez cette recette avec de la patate douce. Remplacez alors la noix muscade par 1 pincée de piment fort.

Gratin de purée

Répartissez la purée dans un plat à gratin, parsemez de gruyère râpé et faites cuire au four à 180°C pendant 15 min.

PURÉE AUX LÉGUMES ET AU BACON

Préparation : 10 min • Cuisson : 40 min • Pour 3 personnes

250 g de chou vert • 500 g de pommes de terre • 1 poireau • 125 ml de lait • 1 pincée de noix muscade • 75 g de beurre • 150 g de bacon cuit • persil ciselé • sel et poivre

- Ôtez le cœur dur du chou et émincez-le finement. Faites-le cuire dans une casserole d'eau bouillante de 3 à 5 min, jusqu'à ce qu'il soit tendre. Égouttez-le.

- Épluchez les pommes de terre et coupez-les en dés. Faites-les cuire à l'eau bouillante dans une autre casserole pendant 20 min. Égouttez-les et écrasez-les à l'aide d'une fourchette.

- Lavez le poireau et émincez-le. Faites-le cuire avec le lait dans une grande poêle pendant 10 min, jusqu'à ce qu'il soit tendre.

- Ajoutez la purée et la noix muscade, salez et poivrez. Mélangez à feu doux jusqu'à ce que le mélange soit bien amalgamé.

- Ajoutez enfin le chou, le beurre et le bacon détaillé en morceaux, mélangez de nouveau.

- Servez la purée parsemée de persil.

QUICHE AU SALAMI ET AU MAÏS

Préparation : 10 min • Cuisson : 50 min • Pour 1 quiche

480 ml de lait • 4 œufs • 90 g de beurre fondu • 65 g de farine • 50 g de fromage râpé • 200 g de salami (ou de saucisse fumée) • 1 boîte de crème de maïs de 125 g • 2 c. à s. de persil ciselé • 2 c. à s. de ciboulette ciselée • salade mélangée, pour accompagner

● Préchauffez le four à 180 °C.

● Fouettez le lait, les œufs et le beurre fondu dans un saladier.

● Tamisez la farine dans un saladier et creusez-y un puits. Versez le mélange lait-œuf-beurre au centre, et amalgamez la farine au fur et à mesure en mélangeant.

● Ajoutez la moitié du fromage râpé, le salami coupé en petits morceaux, la crème de maïs, le persil et la ciboulette. Salez et poivrez.

● Versez la préparation dans un moule à tarte beurré de 25 cm de diamètre.

● Parsemez du fromage râpé restant et faites cuire au four de 45 à 50 min.

● Laissez refroidir pendant 10 min environ, et servez avec de la salade mélangée en accompagnement.

Filet de porc au four

Préparez la sauce comme dans la recette principale, puis badigeonnez-en le filet de porc. Faites cuire au four à 180 °C de 25 à 30 min, jusqu'à ce qu'il soit cuit.

Salade au porc et à la mangue

Remplacez l'ananas par la même quantité de mangue.

Sauce au miel et au soja

Mélangez 2 c. à s. de miel et 3 c. à s. de sauce soja dans un bol, puis délayez-y 1 c. à s. d'eau. Mélangez bien le tout et versez sur la salade juste avant de servir.

Rouleaux de printemps

Coupez le filet de porc en petits morceaux. Répartissez la salade dans des galettes de riz préalablement trempées dans de l'eau tiède pour les ramollir, repliez les côtés de chaque galette vers l'intérieur, puis roulez-les sur elles-mêmes en serrant légèrement. Servez-les avec la sauce au miel et au soja.

Préparation : 25 min • Cuisson : 10 min • Pour 2 personnes

Pour la salade : 150 g de filet de porc • huile d'olive • 100 g de vermicelles de riz • ¼ d'ananas • ½ concombre • quelques tiges de menthe • 1 échalote • cacahuètes

Pour la sauce : 15 g de sucre de palme • 1 c. à s. de jus de tamarin concentré • 1 c. à s. de nuoc-mâm • ½ c. à c. de jus de citron vert

● Arrosez le filet de porc avec 1 filet d'huile d'olive et faites-le revenir sur toutes les faces dans une poêle-gril à feu vif de 6 à 8 min.

● Enveloppez-le dans une feuille de papier aluminium, puis poursuivez la cuisson pendant 5 min. Une fois le filet cuit, coupez-le en tranches.

● Préparez la sauce. Faites revenir le sucre, le tamarin et le nuoc-mâm dans une petite poêle à feu doux. Laissez mijoter jusqu'à ce que le sucre se dissolve.

● Portez à ébullition, puis retirez la poêle du feu et ajoutez le jus de citron vert. Réservez.

● Faites tremper les vermicelles de riz dans l'eau, puis égouttez-les.

● Pelez l'ananas et coupez-le en dés. Lavez le demi-concombre et détaillez-le en fines tranches. Pelez l'échalote et hachez-la.

● Mélangez les nouilles, les dés d'ananas, les tranches de concombre, l'échalote, les feuilles de menthe dans un saladier avec la moitié de la sauce. Mélangez bien.

● Ajoutez les tranches de porc par-dessus, versez le reste de sauce, parsemez de cacahuètes écrasées et servez.

Salade aux amandes et au chèvre

Ajoutez 1 poignée d'amandes effilées dans la salade et remplacez l'halloumi par quelques tranches de bûche de chèvre.

Salade aux pommes caramélisées et aux noix

Faites revenir les pommes coupées en dés avec 2 c. à s. de sucre roux et 20 g de beurre. Une fois caramélisées, ajoutez-les dans la salade avec quelques cerneaux de noix.

Salade aux pommes et au roquefort

Remplacez l'halloumi par des dés de roquefort et servez la salade accompagnée d'une vinaigrette au vinaigre balsamique.

Salade aux pommes et à la betterave crue

Râpez 1 betterave et coupez la pomme en dés. Mélangez le tout, puis ajoutez de la mâche à la place du cresson.

SALADE AUX POMMES ET AU CHÈVRE CHAUD

Préparation : 10 min • Cuisson : 5 min • Pour 3 personnes

180 g d'halloumi • 1 pomme verte • le jus de 1 citron • 60 ml d'huile d'olive • 3 c. à s. de moutarde • 2 c. à s. de sucre en poudre • ½ botte de cresson • 25 g de noix • sel et poivre

- Coupez l'halloumi en bâtonnets de 1 cm d'épaisseur. Poivrez et faites revenir le fromage dans une poêle avec un peu d'huile jusqu'à ce qu'il soit doré. Retirez de la poêle et réservez.

- Coupez la pomme verte en fines tranches, puis mettez-la dans un grand saladier avec 2 c. à s. de jus de citron et mélangez.

- Fouettez le reste du jus de citron, l'huile d'olive, la moutarde et le sucre ensemble dans un bol. Salez et poivrez.

- Cassez le cresson en branches et ajoutez-le à la pomme dans le saladier. Ajoutez l'halloumi.

- Versez la sauce salade et remuez délicatement. Servez la salade parsemée de noix.

SALADE CHAUDE AU POULET

Préparation : 15 min • Cuisson : 10 min • Pour 2 personnes

Pour la salade : ½ oignon • 175 g de blancs de poulet • 125 g de tomates cerises • ½ poivron rouge • ½ poire • 50 g de boulgour • 200 g de pois chiches en boîte • 50 g de feuilles de roquette ou de pousses d'épinard • pain de campagne, pour accompagner • sel et poivre

Pour la vinaigrette : 1 c. à s. d'huile d'olive • 1 c. à s. de vinaigre de vin blanc • 1 c. à s. de jus d'orange • sel et poivre

- Hachez l'oignon. Coupez les blancs de poulet en lanières. Lavez les tomates cerises, équeutez-les et coupez-les en deux. Épépinez le poivron rouge, ôtez-en la membrane blanche, puis coupez-le en lamelles. Ôtez les parties dures de la poire, puis coupez-la en tranches.

- Faites revenir l'oignon de 2 à 3 min avec un peu d'huile d'olive dans une grande poêle à frire. Ajoutez le poulet et poursuivez la cuisson de 4 à 5 min, jusqu'à ce qu'il soit cuit.

- Ajoutez alors les tomates cerises, le poivron et la poire. Faites sauter le tout de 1 à 2 min, puis retirez la poêle du feu et laissez refroidir légèrement.

- Pendant ce temps, mettez le boulgour dans un saladier et recouvrez-le de 30 cl d'eau bouillante ou suivez les instructions mentionnées sur le paquet. Laissez reposer pendant 5 min, jusqu'à ce que toute l'eau soit absorbée. Égrenez à l'aide d'une fourchette.

- Préparez la vinaigrette. Fouettez tous les ingrédients ensemble dans un bol. Salez et poivrez. Ajoutez la préparation au poulet, les pois chiches rincés et égouttés et la roquette dans le saladier avec le boulgour.

- Versez la vinaigrette, mélangez. Salez et poivrez. Servez la salade chaude ou tiède, accompagnée de pain de campagne.

Tortilla de salade de poulet

Garnissez des galettes tortilla de la préparation à la salade. Ajoutez éventuellement de la sauce salsa.

Salade de pommes de terre au poulet

Remplacez le boulgour par 4 pommes de terre cuites coupées en quartiers.

Vinaigrette au citron vert

Remplacez le jus d'orange par du jus de citron vert et ajoutez 4 feuilles de basilic hachées à la vinaigrette.

Sauce caesar

Mélangez 1 jaune d'œuf avec 1 c. à c. de moutarde et 2 c. à s. de jus de citron dans un bol. Ajoutez 50 g de parmesan râpé, mélangez le tout, puis versez cette sauce sur la salade. Ajoutez des copeaux de parmesan avant de servir.

Salade de tomates au chorizo et au chèvre

Ajoutez du fromage frais émietté dans la salade.

Salade de tomates aux poivrons

Ajoutez des lanières de poivrons crus à la préparation.

Salade épicée

Utilisez du chorizo fort pour une saveur bien épicée. Ajoutez alors quelques grains de grenade frais juste avant de servir.

Salade de chorizo et de poulet

Ajoutez des morceaux de blancs de poulet cuits dans la salade. Vous pouvez également ajouter 50 g de pois chiches en boîte rincés et égouttés.

SALADE CHAUDE AUX TOMATES ET AU CHORIZO

Préparation : 15 min • Cuisson : 10 min • Pour 2 à 3 personnes

200 g de chorizo • 1 gousse d'ail • 1 c. à s. d'huile d'olive + un peu pour servir • 2 c. à s. de vinaigre de vin blanc • 1 c. à s. de sirop d'érable • 1 c. à s. de vinaigre de vin rouge • 200 g de tomates de différentes couleurs • 1 branche de céleri + quelques feuilles • feuilles de thym • sel et poivre

● Pelez le chorizo et hachez-le grossièrement. Pelez l'ail et écrasez-le.

● Faites revenir le chorizo de 4 à 5 min dans une petite poêle à feu moyen avec l'huile d'olive en remuant, jusqu'à ce qu'il soit croustillant.

● Ajoutez l'ail. Retirez le chorizo de la poêle à l'aide d'une écumoire et faites-le égoutter sur du papier absorbant.

● Versez le vinaigre de vin blanc, le sirop d'érable et le vinaigre de vin rouge dans la poêle. Laissez mijoter de 1 à 2 min, jusqu'à ce que le mélange devienne légèrement sirupeux.

● Lavez les tomates et détaillez-les en dés. Coupez la branche de céleri en tronçons. Disposez-les dans un plat de service.

● Versez le contenu de la poêle dans le plat, salez et poivrez.

● Ajoutez le chorizo, versez 1 filet d'huile d'olive, parsemez de feuilles de thym et de feuilles de céleri et servez.

Croûtons de pain maison

Coupez des morceaux de pain de mie en cubes de 2 cm, mélangez-les dans un saladier avec 1 filet d'huile d'olive, puis faites-les cuire au four à 180°C de 6 à 8 min, jusqu'à ce qu'ils soient dorés.

Salade de lentilles corail

Remplacez les lentilles par des lentilles corail. Faites-les cuire dans de l'eau bouillante salée pendant 30 min, ou selon les instructions mentionnées sur le paquet.

Courgettes farcies

Farcissez des courgettes rondes évidées de salade de lentilles, puis faites-les cuire au four à 180°C pendant 30 min.

Salade de quinoa

Remplacez les lentilles par 100 g de quinoa. Rincez-le, puis faites-le cuire dans 125 ml d'eau salée de 10 à 15 min ou selon les instructions mentionnées sur le paquet.

Préparation : 15 min • Cuisson : 30 min • Pour 2 personnes

1 betterave • 2 carottes • 1 oignon rouge • 2 c. à s. d'huile d'olive • 2 c. à s. de vinaigre de cidre • 1 c. à s. de sucre en poudre • 2 c. à c. de thym • le zeste de 1 orange • 400 g de lentilles en boîte • 50 g de pousses d'épinard • 200 g de ricotta • croûtons de pain, pour servir • sel et poivre

- Préchauffez le four à 180°C.

- Pelez la betterave et coupez-la en quartiers de 1 cm de largeur. Épluchez les carottes et coupez-les en bâtonnets épais. Pelez l'oignon rouge et détaillez-le en rondelles.

- Disposez la betterave, les carottes et l'oignon dans un plat allant au four.

- Mélangez l'huile d'olive, le vinaigre de cidre, le sucre, le thym et trois-quarts des zestes d'orange dans un bol, puis versez-les sur les légumes. Remuez, salez et poivrez.

- Couvrez le plat de papier aluminium. Faites cuire au four de 25 à 30 min, jusqu'à ce que les légumes soient tendres.

- Placez les légumes rôtis, les lentilles rincées et égouttées et les pousses d'épinard dans un saladier. Remuez délicatement.

- Parsemez le tout de ricotta émiettée, du zeste d'orange restant et de croûtons de pain, puis servez.

SALADE DE BETTERAVE AUX ŒUFS

Préparation : 35 min • Cuisson : 40 min • Pour 3 personnes

1 botte de betteraves nouvelles • 1 pain pita • 1 c. à s. d'huile d'olive + un peu pour la sauce • 3 œufs à température ambiante • le jus de ½ citron • 6 radis • 1 concombre • 3 oignons verts • ½ botte de menthe • ½ botte de persil • ½ c. à c. de sumac (facultatif) • sel et poivre

● Préchauffez le four à 180 °C. Coupez la tige des betteraves à 2 cm. Lavez-les soigneusement sans les peler et enveloppez les individuellement dans du papier aluminium. Placez-les sur une plaque à four et faites-les cuire au four de 30 à 40 min, ou jusqu'à ce qu'elles soient tendres. Laissez les betteraves refroidir légèrement, pelez-les puis coupez-les en quatre.

● Pendant ce temps, badigeonnez le pain pita d'huile d'olive. Faites-le cuire au four sur une autre plaque à four pendant 8 min, ou jusqu'à ce qu'il brunisse et devienne croustillant. Une fois refroidi, cassez-le en morceaux.

● Mettez les œufs dans une petite casserole remplie d'eau. Portez à ébullition à feu moyen (vous pouvez remuer délicatement, cela centre le jaune à l'intérieur de l'œuf). Laissez bouillir sans remuer pendant 5 min. Égouttez les œufs, laissez-les refroidir, puis écalez-les et coupez-les en fins quartiers.

● Mélangez un peu d'huile avec le jus de citron dans un bol. Salez et poivrez. Lavez les radis et coupez-les en rondelles. Pelez le concombre et coupez-le grossièrement en morceaux. Émincez les oignons verts. Lavez la menthe et le persil, séchez-les et ciselez-les grossièrement. Mettez les betteraves, les radis, le concombre, les oignons, la menthe, le persil, les morceaux de pain pita dans un saladier. Ajoutez la sauce salade et mélangez.

● Servez la salade surmontée des quartiers d'œufs durs et saupoudrée éventuellement de sumac.

SALADE DE CAROTTES RÂPÉES AUX CREVETTES

Préparation : 25 min • Pour 4 personnes

Pour la salade : 1 bouquet de coriandre • ½ piment rouge • 2 c. à s. d'huile de tournesol • 250 g de crevettes cuites • 500 g de carottes • 2 oignons verts

Pour la sauce : 4 c. à s. de jus de citron • sucre • 4 c. à s. d'huile de tournesol • sel

- Lavez la coriandre, séchez-la et ciselez-la (conservez 3 ou 4 brins pour décorer). Épépinez le piment rouge et hachez-le finement.

- Mélangez la coriandre et le piment dans un bol avec l'huile de tournesol, puis ajoutez les crevettes.

- Pelez les carottes et râpez-les grossièrement. Coupez les oignons verts en diagonale en fines rondelles.

- Préparez la vinaigrette. Mélangez le jus de citron, 1 pincée de sel et 1 pincée de sucre. Ajoutez l'huile en fouettant.

- Mélangez les carottes râpées, le piment, les feuilles de coriandre, les oignons dans un saladier avec la vinaigrette.

- Enfilez les crevettes par deux sur des piques à brochette en bois.

- Répartissez la salade dans 4 verres ou 4 petits bols, décorez avec les feuilles de coriandre restantes et placez une brochette de crevettes sur chacun d'eux.

SALADE DE POIS CHICHES

Préparation : 15 min • Cuisson : 10 min • Pour 2 personnes

1 c. à s. d'huile végétale • 3 c. à c. de mélange d'épices marocaines • 100 g de raisins secs • 2 c. à s. de jus de citron • 1 carotte • 1 courgette • 100 g de haricots verts • ½ bouquet de menthe • 400 g de pois chiches en boîte • 1 paquet de minipains turcs de 250 g • 100 g de feta • sel et poivre

● Faites chauffer l'huile dans une petite poêle à feu doux. Ajoutez le mélange d'épices et les raisins secs, faites cuire en remuant de 3 à 4 min, jusqu'à ce que les parfums s'exhalent, et que les raisins soient gonflés.

● Retirez la poêle du feu, laissez refroidir légèrement, puis versez le jus de citron. Salez et poivrez.

● Pelez la carotte. Râpez grossièrement la carotte et la courgette.

● Lavez et équeutez les haricots verts, puis coupez-les en tronçons en diagonale.

● Lavez la menthe, séchez-la et prélevez les feuilles.

● Placez la carotte, la courgette, les haricots verts, les pois chiches et les feuilles de menthe dans un grand saladier.

● Versez le contenu de la poêle dans le saladier, mélangez bien. Goûtez et rectifiez l'assaisonnement si nécessaire. Réservez.

● Coupez les petits pains en quatre et faites-les griller au grille-pain, ou, à défaut, sous le gril du four à 200 °C pendant 3 à 4 min.

● Servez la salade parsemée de la feta émiettée et accompagnée du pain grillé.

SAMOUSSAS DE CHORIZO À LA FETA

Samoussas pimentés

Si vous aimez les saveurs relevées, ajoutez 1 pincée de piment fort à la préparation.

Samoussas de saumon

Faites cuire 2 filets de saumon à la vapeur pendant 25 min. Coupez-les en morceaux, puis ajoutez-les dans les samoussas.

Samoussas de bœuf haché à la feta

Remplacez le chorizo par la même quantité de bœuf haché et le paprika par du piment doux. Remplacez la moitié du persil par des feuilles de menthe.

Samoussas de légumes au thon

Réalisez des samoussas avec des dés de courgettes et de poivron revenus rapidement à la poêle mélangés avec du thon en boîte émietté.

Préparation : 20 min • Cuisson : 10 min • Pour 6 samoussas

½ botte de persil • 100 g de chorizo coupé en fines tranches • 150 g de feta • 1 c. à s. de fromage blanc • ½ c. à s. de paprika • 6 feuilles de brick • sel et poivre

- Lavez le persil, séchez-le et hachez-le. Hachez le chorizo. Égouttez la feta, puis écrasez-la à l'aide d'une fourchette.

- Mélangez le chorizo, la feta, le persil, le fromage blanc et le paprika dans un saladier. Salez et poivrez.

- Préchauffez le four à 180 °C.

- Coupez les feuilles de brick en deux. Posez les demi-feuilles côté arrondi vers le bas. Déposez 1 c. à s. de garniture dans le coin gauche. Pliez les demi-feuilles en deux en remontant l'arrondi. Retournez le coin gauche pour former un triangle, puis repliez-le trois fois sur lui-même.

- Disposez les samoussas sur une plaque à four garnie de papier sulfurisé et faites cuire au four pendant 10 min.

SOUPE FROIDE AU CONCOMBRE ET AU YAOURT

Préparation : 20 min • Pour 2 personnes

Pour la soupe : 700 g de concombre • 2 oignons verts • 1 yaourt à la grecque + 2 c. à s. pour servir • 1 c. à s. d'aneth ciselé + quelques brins, pour servir • 1 c. à s. de persil ciselé • 1 cube de bouillon de légumes

Pour les sandwichs : 1 petit concombre • 4 tranches de pain • 40 g de fromage à tartiner de type Philadelphia™ • 1 c. à s. de jus de citron • sel et poivre

- Pelez les concombres et coupez-les en deux dans le sens de la longueur. Retirez les graines à l'aide d'une petite cuillère, puis détaillez-les grossièrement en morceaux.

- Coupez les oignons verts en tranches.

- Mixez les concombres avec les oignons, le yaourt, l'aneth, le persil et le cube de bouillon émietté. Ajoutez 1 verre d'eau et mixez de nouveau. Salez et poivrez.

- Transférez la soupe dans un saladier et réservez-la au réfrigérateur.

- Préparez les sandwichs. Pelez le concombre et coupez-le en fines tranches.

- Étalez sur 2 tranches de pain de fromage à tartiner, ajoutez des rondelles de concombre, puis refermez les sandwichs.

- Coupez la croûte du pain puis coupez les sandwichs en deux ou trois lamelles.

- Servez la soupe dans des bols surmontés de 1 c. à s. de yaourt à la grecque et de brins d'aneth. Accompagnez-la des clubs sandwichs au concombre.

TARTELETTES À LA FETA ET AUX ÉPINARDS

Préparation : 20 min • Repos : 1 h • Cuisson : 5 min • Pour 24 tartelettes

4 feuilles de pâte filo • 1 oignon vert • 1 gousse d'ail • 125 g d'épinards surgelés et décongelés • 60 g de crème aigre (ou, à défaut, de fromage blanc) • 50 g de feta • 1 c. à s. de jus de citron • 2 gouttes de Tabasco® • quelques brins d'aneth, pour servir

- Préchauffez le four à 180 °C.

- Badigeonnez 1 feuille de pâte filo d'huile, superposez une autre feuille par-dessus, puis pliez le tout en deux.

- Badigeonnez de nouveau la pâte filo d'huile, puis découpez-y des disques de 6,5 cm de diamètre.

- Garnissez les cavités d'un moule à muffins huilé avec les disques de pâte filo.

- Répétez ces opérations avec le reste des feuilles de pâte filo, de manière à former 24 tartelettes.

- Faites cuire au four pendant 5 min, jusqu'à ce que la pâte filo soit dorée et croustillante.

- Hachez l'oignon vert et écrasez la gousse d'ail.

- Mélangez les épinards, la crème aigre, la feta émiettée, l'oignon vert, l'ail, le jus de citron et le Tabasco® dans un saladier. Salez et poivrez, puis réservez au frais pendant 1 h.

- Au bout de ce temps, garnissez les caissettes de pâte filo de la préparation aux épinards, décorez de brins d'aneth et servez.

Dip aux épinards

Servez la préparation aux épinards en dip, accompagnée de bâtonnets de légumes (concombre, carottes, céleri, etc.).

Tartelettes à la mozzarella et aux épinards

Remplacez la feta par de la mozzarella.

Tartelettes au saumon fumé

Au moment de dresser les tartelettes, déposez un morceau de saumon fumé sur le dessus.

Œufs cocotte aux épinards

Répartissez la préparation aux épinards dans des ramequins allant au four ou dans de petites cocottes individuelles, cassez 1 œuf sur le dessus, puis faites cuire au four au bain-marie à 180 °C pendant 8 min.

TARTELETTES À L'AGNEAU ET AU YAOURT

Préparation : 15 min • Cuisson : 25 min • Pour 6 tartelettes

6 tranches de pain de mie • 1 gousse d'ail • huile d'olive • ½ oignon • 200 g de viande d'agneau hachée • 1 c. à s. de mélange d'épices marocaines • 2 c. à s. de coulis de tomate • 1 tomate • ½ concombre • 1 yaourt • 1 c. à s. de jus de citron • sel et poivre

● Préchauffez le four à 180 °C.

● Découpez 1 disque de 12 cm de diamètre dans chacune des tranches de pain. Applatissez-les finement à l'aide d'un rouleau à pâtisserie.

● Garnissez des moules à muffin huilés (ou, à défaut, des ramequins allant au four) avec les tranches de pain. Faites-les cuire au four de 6 à 8 min, jusqu'à ce qu'elles soient légèrement dorées. Retirez alors du four et laissez refroidir.

● Hachez l'oignon et écrasez l'ail. Faites revenir la viande hachée avec l'oignon et la moitié de l'ail dans une poêle avec un peu d'huile, en mélangeant, jusqu'à ce que la viande dore.

● Ajoutez les épices, mélangez pendant 1 min, puis versez le coulis de tomates et 1 c. à s. d'eau. Laissez mijoter pendant 2 min, puis retirez du feu.

● Répartissez la viande hachée dans les caissettes de pain de mie. Faites cuire au four de 5 à 10 min, jusqu'à ce que les tartelettes soient bien chaudes.

● Lavez la tomate et le concombre et détaillez-les en dés. Mélangez le yaourt, l'ail et le jus de citron dans un bol. Salez et poivrez.

● Ajoutez une cuillerée de dés de tomate et de concombre sur chaque tartelette, puis surmontez-les d'une cuillerée de sauce au yaourt.

Tarte feuilletée

Garnissez 1 moule à tarte individuel d'une pâte feuilletée, puis versez-y la préparation à l'agneau.

Tartelettes au curry Madras

Ajoutez 1 c. à c. de curry Madras à la viande hachée.

Tartelettes de poulet

Remplacez l'agneau par la même quantité de blancs de poulet en morceaux. Faites-les cuire à la poêle pendant 10 min.

Burger d'agneau

Réalisez des burgers avec la garniture des tartelettes. Coupez des pains ronds en deux et répartissez la préparation entre chaque morceau de pain.

TARTINADE AU POTIRON ET AU SÉSAME

Préparation: 15 min • Cuisson: 20 min • Pour 1 bol

200 g de potiron • 50 g de purée de sésame • 50 g de fromage frais • 1 c. à s. de jus de citron • 1 c. à s. de coriandre haché • 1 c. à s. de sésame • pain grillé, pour servir

● Coupez le potiron en cubes et faites-le cuire dans une casserole d'eau salée pendant 20 min. Égouttez-le et laissez refroidir.

● Mixez le potiron, la purée de sésame, le fromage frais, le jus de citron et la coriandre ensemble jusqu'à l'obtention d'une texture lisse.

● Ajoutez les graines de sésame, mélangez et versez la préparation dans un bol. Réservez au frais.

● Étalez la préparation au potiron sur des tranches de pain grillé juste avant de servir.

TARTINES DE CAVIAR D'AUBERGINE, DE TOMATES SÉCHÉES ET D'ANCHOIS

Préparation : 15 min • Cuisson : 30 min • Pour 1 bol de caviar d'aubergine

1 aubergine • 1 gousse d'ail • 4 c. à s. d'huile d'olive • 1 petit bouquet de persil haché • 1 pot de 280 g de tomates séchées • pain aux olives • 1 pot de 100 g d'anchois • sel et poivre

● Placez l'aubergine au four à 180 °C pendant 30 min. Sortez-la du four en prenant soin de ne pas vous brûler et prélevez-en la chair à l'aide d'une cuillère.

● Mélangez la chair d'aubergine avec la gousse d'ail hachée, l'huile d'olive et le persil haché dans un bol. Salez et poivrez.

● Égouttez les tomates séchées. Conservez l'huile pour servir d'assaisonnement.

● Découpez des tranches de pain aux olives, puis coupez-les en deux.

● Tartinez les tranches de pain de caviar d'aubergine, disposez des tomates séchées et les anchois par-dessus.

Salade de roquette

Dégustez ces tartines accompagnées d'une salade de roquette et de jeunes pousses assaisonnée avec l'huile des tomates séchées et du vinaigre balsamique.

Caviar de courgette

Faites cuire 1 courgette à la vapeur pendant 10 min puis mixez-la avec l'ail, l'huile d'olive et le persil.

Tartines aux sardines

Remplacez les anchois par la même quantité de sardines en boîte.

Pain aux olives

Préparez votre pain aux olives en mélangeant 250 g de farine avec ½ sachet de levure de boulangerie et 14 cl d'eau tiède, faites une boule puis laissez reposer pendant 1 h. Incorporez quelques olives dénoyautées à la pâte, puis faites cuire au four à 200 °C pendant 25 min.

TARTINES FEUILLETÉES AU CHÈVRE, AU JAMBON ET À L'AVOCAT

Préparation : 15 min • Cuisson : 8 min • Pour 6 tartines

1 rouleau de pâte feuilletée • 1 avocat • 80 g de fromage de chèvre • 12 tomates cerises • 4 tranches de prosciutto • sel et poivre

- Préchauffez le four à 220 °C.

- Étalez la pâte feuilletée sur le plan de travail et coupez-la en 6 rectangles. Marquez une démarcation à 1 cm du bord des rectangles de pâte et piquez le centre.

- Placez les rectangles de pâte sur une plaque à four garnie de papier sulfurisé et faites cuire au four de 6 à 8 min, jusqu'à ce qu'ils soient gonflés et dorés.

- Pelez l'avocat, ôtez-en le noyau et coupez-le en dés. Émiettez le fromage de chèvre. Lavez les tomates cerises et coupez-les en quatre. Coupez les tranches de prosciutto en morceaux.

- Garnissez chaque rectangle de pâte feuilletée de dés d'avocat, de fromage de chèvre, de tomates cerises et de jambon. Salez et poivrez, puis servez.

TIMBALES À L'AGNEAU ET AUX LÉGUMES À LA FETA

Timbales au tofu

Remplacez l'agneau par 50 g de tofu émietté.

Timbales à l'agneau et aux pois chiches

Remplacez les pâtes par la même quantité de pois chiches en boîte rincés et égouttés.

Gratin d'agneau

Préparez un gratin à partir de la recette principale, en ajoutant un peu de gruyère râpé sur le dessus avant de faire cuire au four à 180°C pendant 20 min.

Timbales de poulet au boulgour

Remplacez la saucisse d'agneau par 60 g de blancs de poulet coupés en morceaux et les pâtes par du boulgour.

Préparation : 10 min • Cuisson : 40 min • Pour 2 personnes

200 g de potiron • 1 c. à s. d'huile d'olive + un peu pour les ramequins • 1 saucisse d'agneau • quelques poivrons grillés • 1 oignon vert • 1 gousse d'ail • 200 g de restes de pâtes cuites • 100 g de sauce tomate • 45 g de feta • quelques feuilles de menthe, pour servir • sel et poivre

- Préchauffez le four à 200 °C.

- Pelez le potiron, ôtez-en les graines et coupez-le en dés. Versez l'huile dessus et placez-les sur une plaque à four garnie de papier sulfurisé.

- Faites-les cuire au four de 20 à 25 min, jusqu'à ce que le potiron soit tendre et doré.

- Pendant ce temps, faites cuire la saucisse dans une petite poêle à feu moyen de 8 à 10 min, puis coupez-la en petits morceaux.

- Coupez les poivrons grillés en fines lanières. Hachez l'oignon vert. Pelez et écrasez la gousse d'ail.

- Mélangez les pâtes, la sauce tomate, les dés de potiron, la saucisse, la feta émiettée, le poivron grillé, l'oignon vert et l'ail. Mélangez bien, salez et poivrez.

- Répartissez le mélange dans 2 ramequins huilés et faites cuire au four de 10 à 15 min.

- Servez les ramequins décorés de feuilles de menthe.

Bagels épicés

Ajoutez 1 pointe de Tabasco®
dans chaque bagel pour relever
le tout.

Bagels aux crevettes

Remplacez l'avocat par une
dizaine de crevettes coupées
en deux.

Bagels au cheddar
et au bacon

Faites revenir 2 tranches de
bacon rapidement à la poêle.
Déposez 1 tranche de bacon
et 1 tranche de cheddar
sur chaque bagel.

Bagels au bœuf haché
et aux poivrons

Faites revenir 100 g de bœuf
haché dans une poêle avec
1 oignon émincé. Coupez
1 poivron en dés. Répartissez
le bœuf et le poivron dans
les bagels.

Préparation : 20 min • **Cuisson :** 5 min • **Pour 2 personnes**

- Coupez l'avocat en tranches. Lavez le concombre et coupez-le
  en fins rubans à l'aide d'un économe.

- Coupez les bagels en deux dans l'épaisseur et faites-les toaster
  au grille-pain ou, à défaut, sous le gril du four pendant quelques
  minutes.

- Tartinez les bagels de fromage à tartiner, puis répartissez dessus
  les tranches de saumon, d'avocats, les rubans de concombre et les
  câpres. Salez et poivrez, puis refermez les bagels.

- Servez les bagels accompagnés de quartiers de citron.

Riz express au four à micro-ondes

Remplissez un récipient en plastique allant au four à micro-ondes de deux volumes d'eau pour un volume de riz, salez, puis faites cuire au four à micro-ondes sur maximum pendant 12 min.

Poulet au sésame

Supprimez l'œuf et la fécule de maïs. Mélangez des lanières de poulet avec des graines de sésame dans un bol, mélangez bien, puis faites-les revenir comme indiqué dans la recette principale.

Bœuf aux champignons noirs

Déposez des champignons noirs séchés dans un saladier et recouvrez-les d'eau bouillante. Quand ils ont gonflé, coupez-les en lamelles puis ajoutez-les dans le wok.

Crevettes croustillantes

Remplacez le bœuf par la même quantité de crevettes roses. La cuisson reste la même.

BŒUF CROUSTILLANT À L'ASIATIQUE

Préparation : 10 min • **Marinade :** 10 min • **Cuisson :** 15 min • **Pour 2 personnes**

1 petit œuf • 30 g de fécule de maïs • 200 g de rumsteck • 65 ml d'huile d'arachide • 1 carotte • 1 gousse d'ail • ½ piment • 1 oignon vert • 1 c. à s. de sauce tomate • 1 c. à s. de sucre roux • 1 c. à s. de vinaigre noir (ou de vinaigre de malt) • 1 c. à c. de sauce soja • riz cuit à la vapeur, pour servir • sel

- Mélangez l'œuf et la fécule de maïs dans un saladier pour former une pâte. Salez.

- Coupez le bœuf en lanières et ajoutez-les dans le saladier, nappez bien et laissez mariner pendant 10 min.

- Épluchez la carotte et coupez-la en allumettes. Faites chauffer l'huile d'arachide dans un wok à feu vif. Ajoutez les carottes et faites-les cuire pendant 4 min. Retirez-les du wok à l'aide d'une écumoire et égouttez-les sur du papier absorbant.

- Faites cuire les lamelles de bœuf dans le même wok de 3 à 4 min jusqu'à ce qu'ils brunissent, en mélangeant bien afin qu'elles n'attachent pas. Retirez le bœuf du wok à l'aide d'une écumoire et égouttez-le sur du papier absorbant.

- Jetez l'huile du wok, à l'exception de l'équivalent d'une cuillerée à soupe.

- Pelez la gousse d'ail et hachez-la. Épépinez le piment et détaillez-le en fines lamelles. Émincez finement l'oignon vert.

- Faites chauffer le wok à feu vif. Ajoutez l'ail et le piment et faites revenir pendant 30 s. Ajoutez ensuite le bœuf, la carotte ainsi que la sauce tomate, le sucre, le vinaigre et la sauce soja mêlés, en mélangeant bien. Ajoutez l'oignon vert, remuez et servez avec du riz à la vapeur.

Pesto rouge

Mixez 200 g de pulpe de tomates avec 2 gousses d'ail, 100 g de pignons de pin et 10 feuilles de basilic. Versez au fur et à mesure 45 ml d'huile d'olive jusqu'à obtenir la texture souhaitée.

Pesto de courgettes

Coupez 1 courgette en rondelles et faites-la cuire à la vapeur. Mixez-la avec 10 feuilles de basilic, ½ botte de persil plat, 2 c. à s. de pignons de pin, 1 gousse d'ail et 4 c. à s. de parmesan râpé. Versez de l'huile d'olive jusqu'à obtenir une belle sauce épaisse et lisse.

Cake aux patates douces et feta

Ajoutez 100 g de feta coupée en dés à la préparation du cake.

Cake au four à micro-ondes

Versez la préparation dans un plat allant au four à micro-ondes et faites cuire de 6 à 8 min à 850 watt.

Préparation : • **Cuisson :** • **Pour 2 personnes**

- Préchauffez le four à 180 °C.

- Pelez les pommes de terre et les patates douces et coupez-les en cubes. Placez-les dans un bol allant au four à micro-ondes, puis recouvrez-le de papier alimentaire.

- Faites cuire au four à micro-ondes sur maximum pendant 4 min.

- Épluchez l'oignon et l'ail et hachez-les. Faites-les revenir avec l'huile dans une poêle à feu moyen pendant 5 min.

- Ajoutez ensuite les pommes de terre, les patates douces, les petits pois et le persil, et poursuivez la cuisson de 2 à 3 min.

- Versez la préparation dans un moule à cake beurré.

- Battez les œufs, la crème fraîche, le fromage râpé et le pesto dans un saladier. Salez et poivrez. Versez cette préparation dans le moule à cake et faites cuire de 30 à 35 min, ou jusqu'à ce que le centre soit juste pris.

- Laissez reposer environ 30 min avant de servir.

CLUB-SANDWICH JAMBON-AVOCAT

Préparation : 10 min • **Pour 2 sandwichs**

½ avocat • 2 c. à s. de jus de citron • 3 c. à s. d'herbes ciselées (ciboulette, basilic, origan...) • 1 tomate • 6 tranches de pain de mie aux graines • 50 g de ricotta • 1 poignée de feuilles de roquette • 2 tranches de prosciutto

- Coupez l'avocat en tranches. Placez-le avec le jus de citron et les herbes aromatiques dans un bol et remuez délicatement. Lavez la tomate et coupez-la en rondelles.

- Tartinez deux tranches de pain de ricotta, garnissez-les de feuilles de roquette, de proscuitto et recouvrez le tout d'une autre tranche de pain.

- Ajoutez ensuite les tranches d'avocat et de tomate par-dessus avant de refermer les sandwichs avec une troisième tranche de pain.

- Coupez les sandwichs en diagonale et emballez-les dans des sacs plastiques alimentaires avant de les placer dans votre lunch box.

Club-sandwich au Boursin®

Remplacez la ricotta par la même quantité de Boursin® ail et fines herbes.

Club-sandwich au jambon et aux pommes

Ajoutez des morceaux de pommes gala coupés en dés dans le saladier en même temps que l'avocat.

Sandwichs au thon et à la tomate

Tartinez une face de concentré de tomates et ajoutez ½ boîte de thon par-dessus.

Sandwichs au bacon et aux œufs brouillés

Faites revenir 2 œufs dans une poêle bien chaude puis mélangez à l'aide d'une cuillère en bois. Ajoutez 1 tranche de bacon sur la partie inférieure des sandwichs, puis répartissez les œufs brouillés par-dessus.

Hot-dogs classiques

Remplacez le chorizo par des saucisses de porc. Vous pouvez également utiliser des saucisses de volaille.

Hot-dogs de courgette

Enveloppez 3 courgettes dans du papier aluminium et faites-les cuire au four à 180°C pendant 30 min. Coupez-les en deux, prélevez leur chair, déposez une saucisse au centre de chacune d'elle, refermez, puis faites cuire de nouveau au four à 180°C pendant 20 min.

Mayonnaise à la tomate

Remplacez le poivron par 1 c. à s. de concentré de tomates. Mélangez bien le tout.

Hot-dogs au chorizo et à l'Etorki

Ajoutez des morceaux de fromage Etorki sur le chorizo.

Préparation : 20 min • **Cuisson :** 10 min • **Pour 3 hot-dogs**

Pour les hot-dogs : 3 tomates cerises • 1/2 oignon rouge • 3 saucisses de chorizo • 3 pains à hot-dog • 1 poignée de feuilles de roquette

Pour la mayonnaise aux poivrons : 4 c. à s. de mayonnaise • quelques lamelles de poivron grillé • 1 c. à c. de vinaigre de vin rouge • 1 gousse d'ail

- Lavez les tomates cerises et coupez-les en quartiers. Hachez finement l'oignon rouge. Mettez-les dans un bol et mélangez.

- Faites cuire les saucisses dans une poêle antiadhésive de 8 à 10 min, en les retournant bien sur toutes les faces.

- Détaillez le poivron grillé en petits cubes.

- Mélangez la mayonnaise, le poivron grillé, le vinaigre et l'ail écrasé à l'aide d'un fouet.

- Passez les pains à hot-dog au four à micro-ondes sur maximum pendant 15 s chacun.

- Garnissez chaque pain à hot-dog de feuilles de roquette, ajoutez 1 saucisse de chorizo, de la mayonnaise et la préparation aux tomates cerises.

Pickle de mangue

Remplacez la papaye par
la même quantité de mangue.

Hot-dogs au chou
et aux carottes

Ajoutez du chou blanc et des
carottes râpés dans les hot-
dogs.

Pickle de concombre

Remplacez la papaye par
du concombre, et réalisez
la recette en respectant
les mêmes étapes.

Hot-dogs à l'agneau
et aux pois chiches

Remplacez les saucisses de
porc par des saucisses d'agneau
et ajoutez quelques pois chiches
en boîte dans chaque hot-dog.

Préparation : ____ • **Repos :** ____ • **Cuisson :** ____ • **Pour
2 personnes**

Pour le pickle de papaye : ____ • ____ • ____
• ____ • sel.

Pour les hot-dogs : ____ • ____ • ____ • ____
• ____ • ____ • ____ • ____
____ • quelque feuilles de coriandre.

- Préparez le pickle de papaye. Épluchez la papaye, ôtez-en
  les graines et coupez-la en julienne.

- Mettez le vinaigre, le sucre, 60 ml d'eau et 1 c. à c. de sel dans
  une casserole à feu moyen et laissez mijoter jusqu'à ce que le
  sucre se dissolve.

- Versez ensuite ce mélange dans un saladier, laissez refroidir
  et ajoutez la papaye. Laissez reposer de 5 à 10 min, puis égouttez.

- Pendant ce temps, faites cuire les saucisses sur toutes les faces
  avec l'huile dans une poêle à feu moyen de 5 à 7 min.

- Lavez le concombre et coupez-le en bâtonnets. Émincez l'oignon
  vert et le piment.

- Ouvrez les pains à hot-dog en deux, tartinez-les d'aïoli puis
  garnissez-les avec les saucisses, la papaye, le concombre, l'oignon,
  le piment et la coriandre.

Makis au concombre et au fromage

Ajoutez du fromage frais avec les bâtonnets de concombre.

Makis au saumon

Remplacez le concombre par la même quantité de saumon frais. Découpez le saumon en lamelles puis disposez-le sur le riz de la même façon.

Makis aux crevettes et à la mangue

Coupez 200 g de crevettes en deux dans la longueur. Détaillez ½ mangue en dés. Déposez les crevettes et les dés de mangue sur le riz, en les alternant.

Makis à la truite fumée

Découpez 200 g de truite fumée en lamelles puis déposez-les sur le riz. Vous pouvez également ajouter des œufs de truite et du fromage frais.

Préparation : 20 min • **Cuisson :** 5 min • **Pour 4 personnes**

300 g de riz japonais (à défaut, du riz rond) pour makis • 5 cl de vinaigre de riz • 20 g de sucre • 200 g de concombre • 4 feuilles de nori • wasabi • sauce soja sucrée • sel

- Préparez le riz vinaigré. Lavez le riz à l'eau froide dans un saladier, frottez-le entre la paume de vos mains jusqu'à obtenir un riz propre. Réitérez l'opération 3 fois de suite. Égouttez le riz, puis faites-le cuire dans 50 cl d'eau.

- Pendant ce temps, versez le vinaigre dans une casserole avec le sucre et 1 pincée de sel et faites chauffer à feu doux jusqu'à ce que l'ensemble soit dissous.

- Versez cette préparation sur le riz cuit, mélangez, puis laissez refroidir à température ambiante. Ne placez surtout pas le riz au frais afin qu'il ne durcisse pas.

- Préparez les makis. Découpez des bâtonnets de concombre. Coupez 1 feuille de nori en deux.

- Posez une demie feuille de nori sur une natte en bambou, humidifiez vos mains, puis étalez le riz vinaigré sur une fine épaisseur en laissant une bande de 2 cm sur chaque bord.

- Déposez 1 bande de concombre sur toute la longueur du riz. Tout en maintenant la garniture, roulez délicatement la natte jusqu'à ce que les bords de la feuille de nori se touchent.

- Appuyez légèrement tout en roulant encore le rouleau. Découpez ensuite le rouleau obtenu en tronçons de quelques centimètres. Répétez les opérations précédentes jusqu'à épuisement des ingrédients. Servez les makis accompagnés de wasabi et de sauce soja sucrée.

Pitas au rôti de porc

Remplacez le rosbif par la même quantité de rôti de porc froid.

Pitas au rosbif et au concombre

Ajoutez quelques tranches de concombre dans chaque pita.

Sauce à l'ail

Râpez ½ concombre et mélangez-le avec 1 c. à s. d'ail haché et 100 g de mayonnaise. Mélangez le tout. Remplacez la purée d'avocat par ce mélange.

Pitas au poulet et au piment

Remplacez le rosbif par la même quantité de poulet cuit et ajoutez 1 c. à c. de piment à la purée d'avocat.

PITAS AU ROSBIF

Préparation : 20 min • **Cuisson :** 5 min • **Pour 2 sandwichs**

1 tomate • ½ échalote • ½ avocat • 1 c. à c. de jus de citron • 5 cl de crème fraîche • 2 pains pita • 60 g de rosbif en tranches • 1 poignée de feuilles de roquette • sel et poivre

● Coupez la tomate en quatre, ôtez-en les pépins et coupez-la en petits dés. Hachez finement l'échalote.

● Écrasez l'avocat à l'aide d'une fourchette, arrosez avec le jus de citron et ajoutez la crème fraîche.

● Incorporez les dés de tomate et l'échalote hachée. Salez et poivrez.

● Passez les pains pita au four pendant quelques minutes.

● Coupez-les en deux dans l'épaisseur, tartinez-les de purée d'avocat, disposez les tranches de rosbif et la roquette puis refermez les pains.

Pitas au colin

Remplacez le saumon par la même quantité de colin cuit à la vapeur et émietté. Ajoutez 1 c. à s. de persil ciselé dans la mayonnaise.

Galettes de poisson à la coriandre

Ajoutez 1 c. à s. de coriandre sèche dans la préparation des galettes de poisson et quelques feuilles de coriandre fraîche dans les pitas.

Pitas au curry

Ajoutez 1 c. à c. de curry en poudre dans la préparation des galettes de poisson et des petits dés de tomate dans les pitas.

Tortillas de galettes de poisson

Garnissez des galettes de tortilla avec la même préparation.

Préparation : 15 min • **Repos :** 30 min • **Cuisson :** 20 min • **Pour 2 sandwichs**

1 oignon vert • 200 g de saumon en conserve • 70 ml de riz blanc cuit • mayonnaise • 1 pincée de piment en poudre • 25 g de farine • huile • 2 pains pita • feuilles de salade, pour servir • sel et poivre

● Hachez l'oignon vert.

● Mettez le saumon, le riz, 1 c. à s. de mayonnaise, la moitié de l'oignon émincé et le piment dans un saladier. Salez et poivrez. Mélangez bien.

● Séparez la préparation en 4 portions de taille égale. Roulez-les en boules, aplatissez-les légèrement, puis farinez-les.

● Placez-les sur une assiette, recouvrez-les de film alimentaire et laissez-les reposer pendant 30 min.

● Faites chauffer de l'huile dans une grande poêle à frire à feu moyen. Faites cuire les galettes de saumon de 2 à 3 min de chaque côté. Égouttez-les sur du papier absorbant.

● Ouvrez les pitas et garnissez-les de deux galettes, d'un peu de mayonnaise, de l'oignon vert restant et de feuilles de salade.

Pitas au thon et au maïs

Remplacez le bacon par 1 boîte
de thon émietté et 2 c. à s.
de maïs en boîte que vous
répartirez dans chaque pita.

Pitas au poulet

Supprimez les œufs durs. Faites
revenir 2 escalopes de poulet
dans une poêle avec 1 poivron
émincé de 10 à 12 min.
Procédez de la même façon que
dans la recette principale pour
le reste de la recette.

« Pizzas pita »

Aplatissez les pains pita et
garnissez-les de sauce tomate,
agrémentez de champignons
frais, de jambon et de
mozzarella. Faites cuire le tout
au four à 200 °C pendant
10 min.

PITAS AUX ŒUFS DURS

Préparation : 10 min • **Cuisson :** 2 min • **Pour 2 sandwichs**

2 tranches de bacon émincées • 3 œufs durs • 75 g de mayonnaise
• 4 c. à s. de persil ciselé • feuilles de laitue • 1 pain pita coupé en deux
• sel et poivre

- Faites revenir le bacon dans une poêle non-adhésive pendant
  2 min en remuant. Une fois cuit, laissez-le refroidir à part dans
  un récipient.

- Écalez les œufs et émincez-les. Mettez-les dans un saladier avec
  le bacon, la mayonnaise et le persil. Salez et poivrez. Remuez bien.

- Mettez des feuilles de laitue dans chaque moitié de pita, puis
  garnissez-les de préparation à l'œuf.

- Enveloppez les pitas de film alimentaire avant de les placer
  dans une lunch box ou dans un sachet à emporter.

Frites de polenta

Répartissez la polenta cuite sur une plaque tapissée d'un papier de cuisson sur un 1 cm d'épaisseur et laissez refroidir pendant 20 min. Découpez-la en bâtonnets, salez, puis faites cuire au four à 180°C pendant 20 min.

Polenta au parmesan

Ajoutez 2 c. à s. de parmesan râpé dans la casserole.

Polenta au chèvre frais

Une fois la polenta cuite, coupez-la en carrés et déposez une rondelle de chèvre frais sur chacun d'eux. Faites-les ensuite cuire au four à 180°C pendant 5 min.

Polenta au maïs

Remplacez les haricots par la même quantité de maïs en boîte.

Préparation : 10 min • **Cuisson :** 35 min • **Pour 4 personnes**

300 g de haricots rouges en boîte • 3 oignons verts • 1 piment rouge • 1 l de bouillon de poulet • 180 g de polenta instantanée • 150 g de fromage râpé • 2 c. à s. de coriandre ciselée • huile végétale

- Rincez les haricots rouges et égouttez-les. Émincez finement les oignons verts. Épépinez le piment et hachez-le.

- Portez le bouillon à ébullition dans une casserole. Ajoutez la polenta petit à petit en fouettant, puis poursuivez la cuisson pendant 5 min en remuant à l'aide d'une cuillère en bois, jusqu'à ce que la mixture épaississe.

- Retirez du feu, ajoutez le fromage râpé et mélangez jusqu'à ce que le fromage soit fondu.

- Ajoutez les haricots rouges, la coriandre, les oignons et le piment, et mélangez.

- Beurrez et chemisez un moule à charnières de 24 cm de diamètre. Versez-y la polenta, lissez le dessus et laissez refroidir.

- Préchauffez le four à 180 °C.

- Une fois refroidie, démoulez la polenta sur une planche à découper. Découpez-la en petits quartiers.

- Disposez-les sur une plaque à four garnie de papier sulfurisé, badigeonnez-les légèrement d'huile et faites-les cuire au four pendant 20 min, jusqu'à ce qu'ils soient cuits et dorés.

QUESADILLAS AU POULET

Salade à l'avocat

Accompagnez les quesadillas d'une salade composée de ½ avocat coupé en dés mélangé à 2 c. à s. de jus de citron, 1 c. à c. de coriandre ciselée et de quelques feuilles de roquette.

Quesadillas pimentés

Ajoutez du piment de Jamaïque selon vos goûts à la préparation du poulet afin de relever le tout. Vous pouvez également ajouter ½ poivron rouge coupé en dés.

Quesadillas au bœuf haché

Remplacez le poulet par 100 g de bœuf haché que vous aurez fait revenir à la poêle pendant 8 min avec ½ gousse d'ail hachée.

Enchiladas

Déposez les tortillas une fois garnies dans un plat à gratin, parsemez de sauce salsa et de gruyère râpé et faites cuire au four à 200 °C pendant 12 min.

Préparation : 15 min • **Cuisson :** 20 min • **Pour 2 quesadillas**

2 c. à c. d'huile d'olive • 1 filet de poulet • 100 g de haricots rouges en boîte • 80 ml de sauce tomate • 65 g de fromage râpé • 1 c. à s. de coriandre ciselée • 4 tortillas

- Faites chauffer de l'huile dans une poêle à feu moyen. Ajoutez le poulet et faites-le cuire pendant 10 min en le retournant en cours de cuisson, jusqu'à ce qu'il soit cuit et doré.

- Laissez-le refroidir, puis déchirez-le en filaments à la main.

- Mélangez le poulet, les haricots rouges rincés et égouttés, la sauce tomate, le fromage râpé et la coriandre dans un saladier.

- Placez 2 tortillas sur le plan de travail, répartissez la préparation au poulet et aux haricots dessus, puis recouvrez des 2 tortillas restantes.

- Faites cuire les quesadillas une par une dans une poêle antiadhésive pendant 2 min sur chaque face.

- Servez les quesadillas coupées en quatre.

Rouleaux de printemps aux cacahuètes

Ajoutez 1 bonne poignée de cacahuètes hachées dans la préparation.

Rouleaux de printemps au wasabi

Ajoutez 1 c. à c. de wasabi dans chaque rouleau en même temps que le porc.

Rouleaux de printemps sucré salé

Supprimez le porc. Ajoutez des dés de mangue dans les rouleaux de printemps. Vous pouvez également ajouter quelques pousses de soja.

Sauce soja au fruit de la Passion

Préparez une sauce sucrée salée en mélangeant la pulpe de 1 fruit de la Passion, 1 c. à s. de sauce soja sucré et 5 c. à s. de sauce soja salée.

Préparation : 25 min • **Cuisson :** 10 min • **Pour 8 rouleaux de printemps**

50 g de vermicelles de riz • 250 g de filet de porc • 2 c. à s. de sauce hoisin • 2 c. à c. d'huile d'arachide • ½ poivron rouge • ½ carotte • 8 crevettes cuites décortiquées • 8 galettes de riz • feuilles de menthe • feuilles de coriandre

- Mettez les vermicelles dans un saladier résistant à la chaleur et recouvrez-les d'eau bouillante. Laissez reposer de 4 à 5 min, puis égouttez-les et hachez-les grossièrement.

- Mettez le porc dans une assiette creuse avec la sauce hoisin. Mélangez pour bien napper le porc de sauce.

- Faites chauffer l'huile d'arachide dans une poêle à feu moyen. Faites revenir le porc de 8 à 10 min sur toutes les faces, jusqu'à ce qu'il soit cuit à cœur et doré. Détaillez-le en fines lanières et réservez-le recouvert de papier aluminium.

- Épépinez le poivron, ôtez-en la membrane blanche et coupez-le en fines lanières. Pelez la carotte et détaillez-la en julienne. Coupez les crevettes en deux dans le sens de la longueur.

- Trempez une galette de riz de 20 à 30 secondes dans une assiette creuse remplie d'eau chaude. Essorez-la et étalez-la sur le plan de travail.

- Placez deux moitiés de crevette dans la longueur, à 2 cm du bas de la galette, puis déposez un peu de porc, de nouilles, de poivron, de carotte et d'herbes aromatiques par-dessus.

- Rabattez soigneusement les côtés de la galette sur la garniture, puis roulez la galette sur elle-même pour la refermer.

- Répétez les opérations précédentes avec les galettes restantes.

Salade de poulet au quinoa

Remplacez le couscous par la même quantité de quinoa.

Sandwichs au poulet

Supprimez la semoule, mélangez de la mayonnaise avec de la moutarde puis ajoutez le poulet, les canneberges et le cumin en poudre. Garnissez des tranches de pain de cette préparation.

Salade de poulet aux brocolis

Ajoutez quelques têtes de brocoli cuites dans la salade.

Salade de poulet aux abricots

Remplacez la canneberge par la même quantité d'abricots coupés en quatre.

Préparation : 10 min • **Cuisson:** 10 min • **Pour 2 personnes**

½ bouquet de persil • 1 petite branche de céleri • 125 g de restes de poulet cuit • 2 c. à s. d'huile d'olive • 1 c. à s. de cumin en poudre • 125 g de couscous israélien • 30 g de canneberges séchées • 3 c. à s. de jus d'orange • 2 c. à s. de vinaigre de vin blanc

- Lavez le persil, séchez-le et ciselez-le. Hachez finement la branche de céleri. Séparez la chair du poulet en filaments.

- Faites chauffer 1 c. à s. d'huile d'olive dans une poêle à feu moyen. Ajoutez le cumin et faites-le cuire pendant 30 s, jusqu'à ce qu'il embaume.

- Ajoutez ensuite le couscous, et poursuivez la cuisson pendant 1 min. Réduisez le feu et ajoutez 240 ml d'eau. Laissez mijoter pendant 8 min environ, jusqu'à ce que le couscous ait absorbé toute l'eau.

- Mettez le couscous dans un saladier avec le persil ciselé, les canneberges, le céleri et le poulet.

- Fouettez le reste d'huile d'olive avec le jus d'orange et le vinaigre, salez et poivrez.

- Versez la sauce sur la salade et mélangez.

Salade césar au parmesan

Ajoutez quelques copeaux
de parmesan sur la salade au
moment de servir.

Salade césar épicée

Mélangez les morceaux de
poulet cuit avec 1 c. à c. de
piment de Cayenne dans un bol.

Salade au saumon fumé

Préparez la même salade
en remplaçant simplement
le poulet par du saumon fumé.

Pitas à la salade césar

Répartissez la préparation au
poulet, à l'œuf et à la salade
dans deux pains pitas coupés
en deux.

SALADE CÉSAR

Préparation : 15 min • **Cuisson :** 5 min • **Repos :** 30 min • **Pour
2 personnes**

2 tranches de bacon • 1 c. à s. d'huile d'olive • 1 petite laitue romaine
• 200 g de restes de poulet cuit • 2 œufs durs • ½ avocat • 1 c. à s.
de jus de citron • quelques tranches de pain grillées à l'ail • 2 c. à s. de
sauce salade

- Ôtez le gras du bacon et hachez-le, puis faites-le revenir à la poêle
  avec l'huile pendant 5 min à feu moyen.

- Lavez la salade, séparez-en les feuilles puis essorez-la. Émincez
  finement le poulet cuit. Coupez les œufs durs en quartiers. Coupez
  l'avocat en lamelles et citronnez-les.

- Répartissez les ingrédients précédents dans deux récipients
  hermétiques.

- Au moment de servir, ajoutez les tranches de pain grillées et la
  sauce salade dans chaque récipient et mélangez.

Salade à la pomme

Ajoutez 1 pomme gala émincée et citronnée à la préparation.

Salade au chou blanc

Remplacez le chou vert par du chou blanc.

Salade à la betterave

Ajoutez ½ betterave cuite coupée en dés à la préparation. Vous pouvez également ajouter la betterave crue et râpée.

Salade de dinde

Pour une version un peu plus consistante, ajoutez 100 g de dinde cuite taillée en lamelles.

SALADE COMPOSÉE AU CHOU ET À LA COURGETTE

Préparation : 15 min • **Pour 2 personnes**

- Lavez les courgettes et coupez-les en rubans dans la longueur à l'aide d'un économe.

- Hachez le chou vert. Épluchez la carotte et râpez-la. Coupez le céleri en tronçons.

- Placez tous ces ingrédients dans un saladier et mélangez.

- Préparez la sauce. Fouettez l'huile, le jus de citron et l'ail écrasé dans un bol. Ajoutez le basilic et la menthe et mélangez. Salez et poivrez.

- Versez la sauce dans le saladier, mélangez bien, salez et poivrez.

- Servez la salade parsemée de noix hachées.

Boulettes de poulet parfumées

Ajoutez 1 c. à c. de mélange d'épices marocaines et 2 c. à s. de pignons de pin grillés aux boulettes de poulet.

Boulettes de veau au curry Madras

Remplacez le poulet par la même quantité de veau haché et ajoutez 1 c. à c. de curry Madras.

Salade de boulgour au poulet et aux courgettes

Remplacez la semoule par du boulgour et ajoutez 1 courgette cuite coupée en dés à la salade.

Salade tiède à la patate douce

Ajoutez 1 patate douce cuite et coupée en dés dans le couscous et servez la salade chaude ou tiède.

Préparation : 15 min • **Cuisson :** 15 min • **Pour 2 personnes**

Pour les boulettes de poulet : 1 tranche de pain sec • 1 oignon vert • 125 g de poulet haché • 1 c. à s. de coriandre ciselée • 1 œuf battu • 1 c. à s. d'huile d'olive • sel et poivre.

Pour la salade de couscous : 50 g de semoule à graines moyennes • 1 c. à s. d'huile d'olive • 125 g de tomates cerises • ½ concombre libanais • 1 oignon vert • 1 c. à s. de coriandre ciselée • 2 pincées de graines de cumin • 1 c. à s. de jus de citron • zeste de citron • sel et poivre.

● Préparez les boulettes. Coupez le pain en petits morceaux, placez-les dans un bol et recouvrez-les d'eau. Laissez reposer pendant 5 min, puis essorez-les.

● Hachez l'oignon vert. Mettez le pain avec la viande de poulet hachée, l'oignon vert, la coriandre et l'œuf battu. Mélangez bien, salez et poivrez.

● Séparez la viande hachée en 8 portions et façonnez-les en forme de boulettes en les roulant dans la paume de vos mains. Faites revenir les boulettes à la poêle avec l'huile d'olive de 5 à 7 min à feu moyen, en remuant jusqu'à ce qu'elles soient cuites et dorées. Réservez.

● Mettez le couscous dans un saladier, puis versez 125 ml d'eau bouillante et l'huile d'olive. Mélangez et laissez gonfler pendant 5 min. Égrenez la semoule à l'aide d'une fourchette.

● Lavez les tomates cerises et coupez-les en deux. Lavez le concombre, coupez-le en quatre dans la longueur, puis en tranches. Émincez l'oignon vert.

● Ajoutez ces ingrédients à la semoule dans le saladier ainsi que les boulettes, la coriandre, les graines de cumin, le jus et le zeste de citron. Salez et poivrez.

Salade de tortellinis

Remplacez les farfalles par des tortellinis au fromage, que vous ferez cuire selon les indications mentionnées sur le paquet.

Salade aux tomates et à la mozzarella

Remplacez les olives par des billes de mozzarella.

Salade de pâtes au saumon fumé

Ajoutez des lamelles de saumon fumé à la salade de pâtes.

Salade de pâtes au jambon de Parme

Servez cette salade de pâtes chaude et déposez des lamelles de jambon de Parme sur le dessus avant de servir.

Préparation : 30 min • **Cuisson :** 10 min • **Pour 4 personnes**

Pour la salade : 350 g de pâtes de type farfalle • 1 concombre • 1 poivron jaune • 250 g de tomates cerises • 1 bouquet de basilic • 150 g d'olives noires dénoyautées • 50 g de parmesan râpé.

Pour la vinaigrette : 20 g de pignons de pin • 1 brin de thym frais • 1 gousse d'ail • 2 tomates séchées • 1 piment séché • 1 c. à s. de parmesan râpé • 4 c. à s. d'huile d'olive • 2 c. à s. de vinaigre de vin blanc • 1 c. à c. de jaune.

● Faites cuire les pâtes *al dente* dans une grande casserole d'eau bouillante salée, en suivant les indications mentionnées sur le paquet. Égouttez-les (conservez un peu d'eau de cuisson pour la vinaigrette), et laissez-les refroidir dans un grand saladier.

● Pendant ce temps, pelez le concombre, coupez-le en deux dans la longueur, ôtez-en les graines à l'aide d'une cuillère, puis détaillez-le en tranches. Lavez le poivron, épépinez-le et ôtez la membrane blanche, puis coupez-le en lanières. Lavez les tomates et coupez-les en quartiers. Lavez le basilic, séchez-le et ciselez-le.

● Ajoutez le concombre, les poivrons, les tomates, les olives noires et le basilic dans le saladier avec les pâtes. Réservez.

● Préparez la vinaigrette. Faites griller les pignons de pin à sec dans une poêle. Hachez le thym. Pelez l'ail et hachez-le. Réduisez les tomates séchées en purée et hachez finement le piment. Mélangez les pignons de pin, l'ail, la purée de tomates séchées, le piment, le parmesan et le thym avec l'huile d'olive dans un bol.

● Incorporez le vinaigre et un peu d'eau de cuisson des pâtes, salez et poivrez. Versez la vinaigrette sur les pâtes et laissez reposer pendant 1 h. Goûtez, rectifiez l'assaisonnement et servez la salade saupoudrée de parmesan râpé.

Salade de pois chiches au chèvre

Remplacez la feta par la même quantité de chèvre frais.

Salade de pois chiches au thon

Ajoutez 1 boîte de thon égoutté et émietté et quelques tomates cerises coupées en quatre à la préparation.

Salade de pois chiches au concombre

Remplacez la betterave par du concombre coupé en rondelles et ajoutez quelques brins de menthe fraîche.

Salade de pois chiches à l'indienne

Préparez une sauce en mélangeant 1 c. à c. de gingembre râpé, 2 c. à c. de cumin moulu, ½ c. à c. de piment de Cayenne et 1 c. à s. d'huile d'olive. Servez les pois chiches avec cette sauce ainsi que 1 c. à s. de coriandre fraîche ciselée.

SALADE DE POIS CHICHES À LA BETTERAVE

Préparation : 10 min • **Cuisson :** 30 min • **Pour 2 personnes**

300 g de betteraves • 350 g de potiron • 3 c. à s. d'huile d'olive • 1 gousse d'ail • 200 g de pois chiches en boîte • 1 c. à c. de vinaigre balsamique • 25 g de pousses d'épinard • 60 g de feta • sel et poivre

- Préchauffez le four à 200 °C.

- Pelez les betteraves et le potiron et découpez-les en fins quartiers.

- Mettez les betteraves, 1 c. à s. d'huile d'olive et la gousse d'ail écrasée dans un grand plat allant au four. Salez et poivrez. Faites cuire au four pendant 10 min.

- Ajoutez le potiron dans le plat (sans le mélanger avec les betteraves), faites cuire de nouveau pendant 20 min.

- Mélangez les pois chiches, l'huile d'olive restante et le vinaigre balsamique dans un bol.

- Mettez les quartiers de betteraves et de potiron, les pois chiches et les pousses d'épinard dans un saladier. Mélangez, salez et poivrez. Parsemez la salade de feta émiettée.

SALADE DE POULET

Salade de poulet à la moutarde

Remplacez la sauce barbecue par de la moutarde à l'ancienne.

Salade de poulet mexicaine

Ajoutez 1 petite boîte de maïs et des haricots rouges rincés et égouttés à la préparation. Saupoudrez le poulet de piment (fort ou doux selon vos goûts).

Salade de rosbif

Préparez la salade en remplaçant le poulet par la même quantité de rosbif coupé en tranches et revenu à la poêle pendant 5 min.

Salade de poulet au curry

Saupoudrez le poulet de curry en poudre avant de le faire cuire. Ajoutez quelques feuilles de coriandre fraîches au moment de servir.

Préparation : 20 min • **Cuisson :** 1 h • **Pour 4 personnes**

- Hachez finement l'oignon et émincez le poivron.

- Mettez le poulet, l'oignon, le poivron, la sauce barbecue, le cinq-épices dans une casserole. Salez et couvrez d'eau à hauteur.

- Portez à ébullition, puis baissez le feu et laissez mijoter à feu doux de 25 à 30 min, jusqu'à ce que le poulet soit tendre.

- Enlevez le poulet de la casserole, couvrez-le et laissez-le refroidir. Laissez la sauce mijoter de 25 à 30 min, jusqu'à ce qu'elle réduise et épaississe. Filtrez-la alors dans un saladier.

- Épluchez la carotte et râpez-la.

- Coupez le poulet en lanières et placez-le dans un saladier, ajoutez 3 c. à s. de sauce, mélangez pour bien napper le poulet de sauce.

- Placez les feuilles de laitue dans le fond de récipients hermétiques individuels et ajoutez du poulet, des carottes et des jeunes pousses par-dessus.

- Refermez les récipients et conservez-les au frais avant de servir.

SALADE DE QUINOA AU SAUMON

Salade de quinoa au rôti de porc

Préparez la salade en remplaçant le saumon par la même quantité de tranches de rôti de porc cuit finement coupées.

Salade de quinoa au saumon frais

Remplacez le saumon fumé par du saumon frais préalablement cuit à la vapeur pendant 20 min.

Salade aux céréales

Remplacez le quinoa par un mélange de céréales.

Sauce au curry et au lait de coco

Ajoutez 1 c. à s. de lait de coco et 1 c. à c. de curry en poudre dans la préparation au yaourt.

SALADE DE QUINOA AU SAUMON

Préparation : 20 min • **Cuisson :** 20 min • **Pour 2 à 3 personnes**

125 g de quinoa • 1 carotte • 2 c. à s. d'huile d'olive • 1 c. à s. de gingembre râpé • 1 c. à c. de poudre de curry • 50 g de salade de jeunes pousses • 2 oignons verts • 50 g de raisins secs • le zeste et le jus de 1 citron • 1 c. à s. de yaourt nature • 150 g de filet de saumon fumé • quelques feuilles de coriandre pour servir

- Mettez le quinoa avec 350 ml d'eau dans une casserole et portez le tout à ébullition. Quand l'eau bout, réduisez le feu et poursuivez la cuisson à couvert pendant 10 min.

- Égouttez le quinoa, versez-le dans un grand saladier, puis égrenez-le à l'aide d'une fourchette.

- Épluchez la carotte et hachez-la. Faites-la revenir avec 1 c. à s. d'huile d'olive dans une poêle à feu moyen de 2 à 3 min. Ajoutez ensuite le gingembre râpé et la poudre de curry et mélangez bien. Laissez refroidir.

- Ajoutez la carotte ainsi que les jeunes pousses, les oignons verts hachés et les raisins secs dans le saladier avec le quinoa.

- Fouettez le jus de citron, le zeste, l'huile restante et le yaourt dans un bol. Versez la sauce sur la salade de quinoa, puis ajoutez le saumon émincé par-dessus. Décorez avec les feuilles de coriandre.

Salade de fusili aux légumes

Remplacez le quinoa par des pâtes de type fusili, que vous ferez cuire selon les indications mentionnées sur le paquet.

Salade de quinoa au pesto

Remplacez la sauce au citron par du pesto au basilic.

Cabillaud au quinoa

Servez ce plat chaud et accompagnez-le d'un filet de cabillaud par personne. Faites-les cuire à la vapeur pendant 20 min.

Salade de quinoa au chèvre

Remplacez les billes de mozzarella par des billes de chèvre frais.

Préparation : 10 min • **Cuisson :** 15 min • **Pour 4 personnes**

250 g de quinoa • 1 courgette • 250 g de tomates cerises • 1 petit poivron rouge • 1 petit poivron jaune • 250 g de billes de mozzarella • 2 c. à s. de persil ciselé • 1 c. à s. de menthe ciselée • 2 c. à s. de jus de citron • 2 c. à s. d'huile d'olive • sel et poivre noir

- Mettez le quinoa avec 375 ml d'eau dans une casserole et portez le tout à ébullition. Quand l'eau bout, réduisez le feu et poursuivez la cuisson à couvert pendant 10 min.

- Retirez alors la casserole du feu, laissez reposer pendant 5 min, puis égrenez le quinoa à l'aide d'une fourchette. Laissez refroidir.

- Lavez la courgette et coupez-la en dés. Lavez les tomates cerises et coupez-les en deux. Lavez les poivrons, épépinez-les, ôtez-en la membrane blanche et détaillez-les en dés.

- Mettez les courgettes, les tomates cerises, les poivrons et les herbes aromatiques dans un saladier. Salez et poivrez. Ajoutez le quinoa et les billes de mozzarella.

- Fouettez vivement le jus de citron et l'huile d'olive dans un bol, puis versez la sauce dans le saladier.

Salade de risoni au chorizo

Remplacez le salami
par des tranches de chorizo.

Salade de risoni façon taboulé

Mélangez 2 c. à s. d'huile d'olive
avec le jus de 1 citron
et de la menthe fraîche hachée,
puis versez le tout sur les pâtes.
Ajoutez 1 concombre, 1 poivron
et 1 tomate coupés en dés
et mélangez le tout avant de
servir.

Salade de risoni aux crevettes

Remplacez le salami par
des crevettes cuites.

Salade de risoni à la feta et au thon

Remplacez le salami par 1 boîte
de thon émietté et le parmesan
par des dés de feta.

Préparation : 10 min • **Cuisson :** 40 min • **Pour 2 personnes**

250 g de tomates cerises • 1 oignon rouge • 3 brins de thym • 2 c. à s. d'huile d'olive • 6 tranches de salami • 150 g de pâtes de type risoni • 50 g de feuilles de roquette • 30 g de parmesan râpé.

● Préchauffez le four à 180 °C.

● Lavez les tomates cerises et coupez-les en deux. Épluchez l'oignon rouge et coupez-le en fines rondelles.

● Placez-les sur une plaque à four garnie de papier sulfurisé, parsemez du thym émietté et arrosez avec l'huile d'olive. Salez et poivrez.

● Recouvrez avec les tranches de salami et faites cuire au four pendant 40 min.

● Pendant ce temps, faites cuire les risoni *al dente* dans une casserole d'eau bouillante. Égouttez-les et mettez-les dans un grand saladier.

● Ajoutez les tomates rôties, l'oignon rouge, le salami et leur jus de cuisson. Salez et poivrez. Mélangez.

● Laissez refroidir légèrement avant d'ajouter la roquette et le parmesan râpé.

SALADE DE RIZ AU SAFRAN AUX CREVETTES

Salade de thon et de crevettes au maïs

Préparez la salade en remplaçant la dinde par du thon émietté. Ajoutez 100 g de maïs en boîte rincé et égoutté.

Sauce au paprika

Remplacez le poivre de Cayenne par du paprika.

Salade de riz à la thaïlandaise

Supprimez la dinde et ajoutez des petits pois cuits, de la citronnelle coupée en petits morceaux et de la coriandre à la préparation.

Salade de riz au curry et au cabillaud

Remplacez le safran par du curry et servez cette salade avec un filet de cabillaud par personne. Faites-les cuire à la vapeur pendant 20 min.

Préparation : 20 min • **Cuisson :** 20 min • **Repos :** 1 h • **Pour 4 personnes**

Pour la salade : 250 g de riz long grain • environ 0,2 g de safran • 1 escalope de dinde de 250 g • 2 c. à s. d'huile de tournesol • 3 poivrons rouge, jaune et vert • 3 à 4 oignons verts • 200 g de crevettes roses décortiquées • sel et poivre de Cayenne

Pour la sauce : 4 c. à s. de jus de citron • sucre en poudre • 6 c. à s. d'huile de tournesol • sel et poivre de Cayenne

- Faites cuire le riz dans une casserole d'eau bouillante salée pendant 15 min environ. Ajoutez le safran dans l'eau pendant les 5 dernières minutes de cuisson.

- Retirez le riz du feu, égouttez-le et laissez-le refroidir dans un saladier.

- Pendant ce temps, coupez l'escalope de dinde en fines lamelles. Faites-les cuire avec l'huile dans une poêle à feu moyen pendant 5 min. Salez et poivrez, puis réservez.

- Lavez les poivrons, épépinez-les et ôtez-en la membrane blanche, puis coupez-les en petits dés. Coupez les oignons verts en fines rondelles. Ajoutez-les dans le saladier avec le riz.

- Préparez la sauce. Mélangez le jus de citron avec 1 pincée de sucre, salez et poivrez. Incorporez l'huile en mélangeant vigoureusement.

- Mettez les lamelles de dinde refroidies et les crevettes dans le saladier, versez la sauce par-dessus.

- Laissez reposer la salade pendant 1 h avant de servir.

Salade aux haricots rouges et au maïs

Remplacez les haricots blancs par des haricots rouges et ajoutez 1 petite boîte de grains de maïs en conserve à la salade.

Salade de thon aux haricots et aux épinards

Ajoutez 25 g de jeunes pousses d'épinard à la salade.

Sauce à la tomate et au basilic

Ajoutez 1 c. à s. de concentré de tomates et 1 c. à c. de basilic ciselé dans la sauce.

Salade de maquereaux

Remplacez le thon en boîte par la même quantité de maquereaux en boîte.

Préparation : 20 min • **Pour 2 personnes**

Pour la salade : 200 g de haricots blancs en boîte • 1 boîte de thon au naturel de 185 g • 100 g de haricots verts équeutés et cuits • 50 g de tomates cerises • ½ concombre • ½ oignon rouge • 25 g de feuilles de roquette • 30 g d'olives noires • 2 c. à s. de basilic ciselé

Pour la sauce : 4 c. à s. d'huile d'olive • 1 c. à s. de vinaigre balsamique • 1 c. à s. de sauce au piment doux

- Rincez les haricots blancs et égouttez-les. Égouttez le thon et émiettez-le. Coupez les haricots verts en tronçons. Lavez les tomates cerises et coupez-les en deux.

- Lavez le concombre, épluchez-le et coupez-le en dés. Détaillez l'oignon rouge en fines tranches.

- Réunissez tous les ingrédients de la salade dans un saladier et mélangez.

- Préparez la sauce. Fouettez l'huile d'olive, le vinaigre balsamique et la sauce au piment dans un bol.

- Versez la sauce sur la salade et mélangez avant de servir.

Salade au tofu et aux radis

Ajoutez 5 ou 6 radis coupés en tranches et ½ oignon vert émincé à la salade.

Salade au tofu pimenté

Faites revenir 100 g de tofu nature pendant 5 min dans une poêle avec 1 c. à s. d'huile et 1 c. à c. de piment fort.

Salade de tofu à l'ananas

Ajoutez 50 g d'ananas frais coupé en dés à la préparation.

Salade de crevettes aux nouilles

Remplacez le tofu par des petites crevettes cuites et décortiquées.

Préparation : 15 min • **Pour 2 personnes**

Pour la salade : 60 g de nouilles de riz • 100 g de tofu frit • ½ poivron rouge • ½ concombre • ½ piment rouge • 50 g de pousses de soja • 20 g de noix de cajou.

Pour la sauce : 4 c. à s. de mirin • 1 c. à s. de sauce au piment doux • 1 c. à c. de sauce soja • le jus et le zeste de 1 citron vert • 1 pincée de sucre.

- Mettez les nouilles dans un saladier résistant à la chaleur et recouvrez-les d'eau bouillante.

- Laissez reposer de 3 à 4 min, ou jusqu'à ce que les nouilles ramollissent et deviennent translucides. Égouttez-les et rincez-les sous l'eau froide.

- Coupez les nouilles en tronçons de 5 cm à l'aide de ciseaux, puis mettez-les dans un saladier.

- Coupez le tofu grillé en cubes de 1 cm de côté. Détaillez le poivron en fines lamelles. Épépinez le concombre et coupez-le en morceaux. Ôtez les graines du piment rouge et détaillez-le en très fines tranches.

- Ajoutez le poivron, le concombre, le piment, les pousses de soja et les noix de cajou aux nouilles dans le saladier.

- Préparez la sauce. Fouettez le mirin, la sauce au piment, la sauce soja, le jus de citron vert, le zeste et le sucre ensemble dans un saladier. Versez sur la salade et mélangez.

Sandwich à la rosette

Remplacez le salami par
la même quantité de rosette.

Sandwich au salami
et aux oignons grillés

Faites revenir 2 oignons verts
émincés avec 1 filet d'huile
d'olive dans une poêle bien
chaude jusqu'à ce qu'ils soient
bien tendres et grillés. Ajoutez-
les dans le sandwich.

Sandwich aux courgettes

Ajoutez quelques rondelles
de courgette préalablement
cuites au four avec 1 filet
d'huile afin qu'elles soient
légèrement grillées.

Bagel au salami

Remplacez le pain turc par
un bagel. Coupez-le en deux
et faites-le griller au grille-pain
avant de le garnir.

SANDWICH DE SALAMI
AUX TOMATES ET AU PESTO

Préparation : 10 min • **Cuisson :** 3 min • **Pour 1 sandwich**

1 petit pain turc • 1 c. à s. de pesto • 3 fines tranches de salami • 100 g
de poivron grillé mariné • 1 tranche d'aubergine grillée • 50 g de
tomates séchées • 50 g de feta • 1 poignée de feuilles d'épinard

- Préchauffez le gril du four.

- Coupez le pain turc en deux, tartinez-le de pesto, puis ajoutez le
  salami, les légumes grillés coupés en lanières, la feta émiettée et
  les feuilles d'épinard, et refermez le sandwich.

- Placez le sandwich sous le gril du four de 2 à 3 min, jusqu'à ce que
  la croûte soit dorée et croustillante.

SANDWICHS À LA DINDE
ET À LA CANNEBERGE

Sandwichs à la dinde et au brie

Remplacez les tranches de fromage par des tranches de brie et la sauce à la canneberge par de la confiture d'oignons.

Sauce aux canneberges

Faites cuire 300 g de canneberges avec 3 c. à s. de miel dans une casserole pendant 5 min. Ajoutez 3 c. à s. de vin blanc et un petit peu d'eau, puis laissez mijoter pendant encore 5 min.

Sandwichs aux noix

Ajoutez des cerneaux de noix hachés dans les sandwichs.

Sandwichs au rôti de dinde

Faites cuire un rôti de dinde saupoudré de ras el-hanout au four à 180 °C pendant 45 min, coupez le en tranches, puis répartissez celles-ci dans les sandwichs. Remplacez la sauce à la canneberge par de la sauce algérienne.

Préparation : 20 min • **Cuisson :** 25 min • **Pour 4 sandwichs**

- Émincez le filet de dinde. Hachez finement l'oignon.

- Mélangez la dinde, l'oignon, la chapelure, l'œuf battu et la gousse d'ail écrasée avec vos mains. Salez et poivrez.

- Divisez la préparation en 4 portions égales, donnez-leur une forme de disque.

- Faites chauffer l'huile dans une poêle à feu moyen. Faites cuire les steaks de dinde de 5 à 6 min, retournez-les, placez une tranche de fromage par-dessus et poursuivez la cuisson de 5 à 6 min. Égouttez sur du papier absorbant.

- Coupez le pain truc en deux dans la hauteur, puis en quatre.

- Tartinez chaque sandwich de sauce à la canneberge, puis garnissez-les avec un steak de dinde, du persil et des jeunes pousses. Refermez les sandwichs.

SANDWICHS AU JAMBON DE POULET ET AU FROMAGE

Préparation : 5 min • **Pour 6 sandwichs**

6 tranches de pain de mie • 60 g d'emmental • 6 tranches de jambon de poulet • 6 feuilles de laitue • quelques bâtonnets de poivron et de branche de céleri

- Découpez la croûte du pain de mie avec un couteau, puis aplatissez le pain à l'aide d'un rouleau à pâtisserie.

- Coupez le fromage en 6 bâtonnets.

- Garnissez chaque tranche de pain d'une tranche de jambon et d'une tranche de laitue. Placez un bâtonnet de jambon et un bâtonnet de poivron ou de céleri au centre et enroulez-les.

- Enveloppez les sandwichs roulés dans du papier alimentaire ou maintenez-les à l'aide d'une ficelle pour les emporter.

Croûtons de pain

Coupez la croûte du pain de mie en morceaux, placez-les sur une plaque à four garnie de papier sulfurisé, versez 1 filet d'huile par-dessus, puis faites cuire au four à 200°C pendant quelques minutes, en les retournant de temps en temps.

Sandwichs au radis noir

Ajoutez de fines rondelles de radis noir dans les sandwichs.

Croque-monsieur

Faites dorer les sandwichs dans un appareil à croque-monsieur. À défaut, enveloppez les sandwichs dans du papier aluminium et faites-les réchauffer au four à 200°C pendant 10 min.

Pain de mie complet

Utilisez du pain de mie complet et remplacez le jambon de poulet par du jambon de Paris.

Confiture de figues et d'oignons

Ajoutez 2 figues coupées en morceaux aux oignons lors de la préparation de la confiture d'oignons.

Sandwichs au bacon

Faites revenir 8 tranches de bacon à la poêle et répartissez-les dans les sandwichs.

Sandwichs aux saucisses Knacki

Remplacez le pastrami par 2 saucisses Knacki coupées en deux et remplacez la mayonnaise par du ketchup.

Sandwichs au rosbif

Ajoutez de fines tranches de rosbif cuites dans les sandwichs à la place du pastrami.

Préparation : 15 min • **Cuisson :** 25 min • **Repos :** 1 h • **Pour 2 sandwichs**

Pour la confiture d'oignons : 15 ml d'huile d'olive • 3 oignons • 30 ml de miel • 30 ml de vinaigre balsamique

Pour les sandwichs : 2 petits pains ronds • beurre à température ambiante • 2 c. à s. de moutarde • 2 tranches de pastrami • quelques feuilles de roquette • 75 g de cheddar • mayonnaise • sel et poivre du moulin

- Faites revenir les oignons avec l'huile d'olive dans une poêle jusqu'à ce qu'ils blondissent et deviennent légèrement translucides. Ajoutez le miel et le vinaigre balsamique, baissez le feu et poursuivez la cuisson à feu doux pendant 20 min, jusqu'à ce que le mélange devienne sirupeux. Versez-le dans un bocal et réservez.

- Coupez les pains en deux et ôtez-en la mie. Étalez du beurre et de la moutarde sur les deux pains.

- Répartissez le pastrami, quelques feuilles de roquette, le cheddar coupé en tranches et un peu de mayonnaise dans les deux sandwichs. Salez et poivrez.

- Enveloppez les sandwichs de film alimentaire, placez-les entre deux assiettes et posez un poids sur celle-ci (comme une boîte de conserve par exemple) pour bien les aplatir. Laissez reposer au réfrigérateur pendant 1 h.

- Accompagnez les sandwichs de confiture d'oignons.

SANDWICHS AU PORC BRAISÉ

Préparation : 15 min • **Pour 2 sandwichs**

½ tasse de chou rouge finement émincé • 1 quartier de pomme granny • 1 oignon vert • ⅓ de bouquet de ciboulette • 1 c. à s. d'estragon • 1 c. à s. de câpres • 2 c. à s. de mayonnaise • 1 c. à s. de jus de citron • 2 petits pains • 150 g de restes de porc braisé • sel et poivre

- Émincez le chou rouge, détaillez le quartier de pomme en julienne et ciselez l'oignon vert et la ciboulette. Mélangez-les dans un saladier avec l'estragon.

- Rincez et émincez les câpres. Mélangez la mayonnaise, le jus de citron et les câpres dans un bol. Salez et poivrez.

- Détaillez les morceaux de porc braisé en fines lanières.

- Ouvrez chaque petit pain en deux et tartinez-le de mayonnaise. Garnissez-les ensuite de porc braisé et du mélange au chou rouge.

SANDWICHS AU POULET ET À L'AVOCAT

Préparation : 20 min • **Cuisson :** 15 min • **Pour 4 sandwichs**

250 g de viande de poulet hachée • 45 g de chapelure • 1 œuf • 1 c. à c. de moutarde • 1 c. à c. de thym émietté • ½ pomme granny • ½ carotte • ½ oignon • 1 c. à c. d'huile d'olive • 1 avocat • 4 pains individuels • 1 poignée de feuilles de roquette • 25 g de tomates séchées • chips et mayonnaise, pour servir • sel et poivre

- Mélangez la viande hachée, la chapelure, l'œuf battu, la moutarde et le thym dans un saladier.

- Ôtez les parties dures de la pomme et râpez-la. Épluchez la carotte et l'oignon, et râpez-les. Pressez-les pour en ôter l'excédent d'eau, puis ajoutez le tout à la préparation à la viande hachée. Salez et poivrez.

- Prélevez des cuillerées à soupe bombées de la préparation, formez 12 boulettes, et écrasez-les légèrement de manière à former des steaks. Réservez au réfrigérateur.

- Faites chauffer l'huile dans une poêle à frire à feu moyen. Faites revenir les steaks hachés de poulet par lots de 3 à 4 min de chaque côté, jusqu'à ce qu'ils soient dorés et cuits à cœur. Égouttez-les sur du papier absorbant.

- Pelez l'avocat et détaillez-le en tranches.

- Coupez les pains individuels en deux et garnissez chacun d'eux de 3 steaks hachés. Ajoutez de la roquette, des tranches d'avocat et des tomates séchées dans chaque sandwich.

- Servez les sandwichs accompagnés de chips et de mayonnaise.

SANDWICHS DE PORC AU SATAY

Préparation : 15 min • **Cuisson :** 10 min • **Pour 2 sandwichs**

½ oignon • 200 g de viande de porc hachée • 1 c. à c. de gingembre râpé • 1 c. à s. de coriandre ciselée + quelques feuilles, pour servir • 1 c. à s. d'huile végétale • 2 c. à s. de beurre de cacahuètes • 1 c. à s. de sauce au piment doux • 40 ml de lait de coco • 2 c. à s. de jus de citron vert • 2 feuilles de laitue iceberg • ½ concombre libanais • 1 baguette

- Épluchez l'oignon et hachez-le.

- Mélangez la viande hachée, l'oignon, le gingembre et la coriandre dans un saladier. Salez et poivrez.

- Partagez la préparation en 8 portions égales et formez des boulettes dans la paume de vos mains humides.

- Faites chauffer l'huile dans une poêle à feu moyen. Faites cuire les boulettes sur toutes les faces pendant 10 min, jusqu'à ce qu'elles soient dorées et cuites à cœur.

- Pendant ce temps, mélangez le beurre de cacahuètes, la sauce au piment doux, le lait de coco et 1 c. à s. d'eau dans une petite casserole à feu moyen. Quand le mélange est homogène et lisse, portez à ébullition, puis ajoutez le jus de citron vert hors du feu.

- Déchirez les feuilles de laitue. Lavez le concombre et découpez-y des rubans dans la longueur à l'aide d'un économe.

- Coupez la baguette en deux, puis ouvrez chaque demi-baguette.

- Répartissez la laitue et les rubans de concombre dans les sandwichs, ajoutez 4 boulettes dans chacun et versez 1 filet de sauce par-dessus. Parsemez avec quelques feuilles de coriandre.

SANDWICHS MEXICAINS

Préparation : 30 min • **Repos :** 2 jours • **Cuisson :** 45 min • **Pour 3 sandwichs**

Pour les sandwichs : 2 c. à s. d'huile d'olive • 100 g de viande de porc hachée • ½ oignon haché • 2 gousses d'ail hachées • 1 c. à c. de cumin en poudre • 1 pincée d'origan • 200 g de tomates pelées entières en conserve • 3 pains individuels • mayonnaise • 200 g de mozzarella • 3 quartiers de citron vert (facultatif) • sel et poivre de Cayenne

Pour le pickle de piment : 1 c. à s. d'huile d'olive • 6 piments jalapeños • 3 gousses d'ail écrasées • 100 ml de vinaigre de vin blanc • 2 brins de thym • 1 feuille de laurier • 2 c. à c. de gros sel • 1 c. à c. de sucre

Pour la sauce au maïs : 1 épi de maïs • 2 c. à s. de coriandre ciselée • ⅓ d'oignon • 2 c. à s. de jus de citron

● Pour le pickle, faites chauffer l'huile dans une poêle à feu moyen. Faites-y revenir les piments et l'ail de 5 à 10 min, en remuant. Ajoutez le reste des ingrédients, portez à ébullition, puis versez dans un bocal et laissez refroidir à température ambiante. Laissez le bocal au frais de 2 à 4 jours avant de l'utiliser (vous pouvez le conserver jusqu'à 2 semaines).

● Faites revenir le porc avec 1 c. à s. d'huile d'olive dans une poêle pendant 5 min en remuant, réservez. Faites revenir l'oignon dans le reste d'huile de 5 à 10 min, ajoutez l'ail, le cumin, l'origan et laissez cuire pendant 1 min. Ajoutez les tomates, concassez-les, puis ajoutez le porc, salez et poivrez. Laissez réduire de 5 à 10 min.

● Pour la sauce, faites cuire l'épi de maïs dans une casserole d'eau bouillante salée de 10 à 15 min (il doit être tendre). Égouttez-le et laissez-le refroidir, puis prélevez les grains. Mélangez-les au reste des ingrédients.

● Préchauffez le four à 200 °C. Fendez les pains et tartinez-les de mayonnaise, garnissez-les de viande et ajoutez la mozzarella tranchée. Faites chauffer les sandwichs au four de 3 à 5 min, ajoutez de la sauce au maïs et quelques piments.

SOUPE À LA TOMATE

Soupe à la tomate et au basilic

Ajoutez 1 c. à s. de basilic séché dans la préparation. Vous pouvez également servir la soupe parsemée de quelques feuilles de basilic fraîches.

Soupe de tomates à l'orange

Ajoutez 1 orange épluchée et coupée en morceaux dans la casserole et laissez mijoter. Mixez le tout puis servez.

Soupe de tomates aux lentilles corail

Remplacez les spaghettis par la même quantité de lentilles corail cuites.

Soupe à la tomate et à La Vache qui rit®

Ajoutez 2 portions de Vache qui rit® dans la soupe et laissez-les fondre en mélangeant bien.

SOUPE À LA TOMATE

Préparation : 10 min • **Cuisson :** 10 min • **Pour 4 à 6 tasses**

1 boîte de purée de tomates de 700 à 960 g de tomates en conserve • 1 carotte • 1 courgette • 1 c. à c. d'origan • 100 g de pois chiches • 50 g de spaghettis • sel et poivre

- Mettez la purée de tomates, les tomates en conserve coupées en dés avec 2 tasses d'eau dans une grande casserole.

- Ajoutez la carotte et la courgette épluchées et coupées en dés ainsi que l'origan.

- Portez à ébullition, puis ajoutez les pois chiches rincés et égouttés et les spaghettis coupés en morceaux. Salez et poivrez. Laissez mijoter de 2 à 3 min. Goûtez et rectifiez l'assaisonnement si nécessaire.

TABOULÉ AUX FRUITS SECS

Préparation : 15 min • **Cuisson :** 10 min • **Repos :** 5 min • **Pour 2 personnes**

1 concombre libanais • 1 tomate • 165 g de semoule à graine fine • 240 ml de bouillon de légumes • 1 oignon • 1 c. à s. d'huile d'olive • 2 c. à s. de mélange d'épices marocaines • le jus de 1 citron • 35 g d'amandes grillées • 50 g de raisins secs • 2 c. à s. de menthe ciselée • 2 c. à s. de coriandre ciselée • 1 c. à c. de zeste de citron • sel et poivre

● Lavez le concombre et la tomate, et coupez-les en dés.

● Placez la semoule dans un saladier résistant à la chaleur et versez le bouillon de légumes bouillant dessus. Laissez reposer à couvert de 4 à 5 min, jusqu'à ce que tout le bouillon soit absorbé. Laissez refroidir.

● Pendant ce temps, épluchez l'oignon et hachez-le. Faites-le revenir avec l'huile dans une petite poêle à feu moyen pendant 5 min, ou jusqu'à ce qu'il blondisse. Ajoutez ensuite les épices et poursuivez la cuisson pendant 2 min.

● Égrenez le couscous à l'aide d'une fourchette, puis ajoutez la préparation aux oignons, le concombre, la tomate, le jus de citron, les amandes, les raisins secs, les herbes aromatiques et le zeste de citron. Salez et poivrez. Mélangez bien.

TABOULÉ DE QUINOA AU CHOU-FLEUR

Préparation : 15 min • **Cuisson :** 55 min • **Pour 2 personnes**

¾ de chou-fleur • 1 gousse d'ail • le jus et le zeste de 1 citron • 50 ml
d'huile d'olive • 200 g de pois chiches en boîte • 100 g de quinoa
• quelques brins de menthe • quelques brins de persil • 1 oignon vert
• 2 c. à c. de vinaigre de xérès • 100 g de feta • sel et poivre

● Préchauffez le four à 200 °C.

● Séparez le chou-fleur en petits bouquets. Mélangez-les avec
la gousse d'ail écrasée, la moitié du zeste de citron et 1 c. à s.
d'huile d'olive dans un saladier. Salez et poivrez.

● Étalez le tout sur une plaque à four garnie de papier sulfurisé et faites
cuire au four de 15 à 20 min, jusqu'à ce que le chou-fleur soit doré.

● Rincez les pois chiches et égouttez-les soigneusement, puis
mélangez-les avec le reste du zeste de citron et 1 c. à s. d'huile
dans un saladier. Salez et poivrez.

● Étalez les pois chiches sur une plaque à four garnie de papier
sulfurisé et faites-les cuire au four de 15 à 20 min.

● Pendant ce temps, mettez le quinoa avec 200 ml d'eau salée dans
une casserole et portez à frémissement à feu moyen de 12 à
15 min, jusqu'à ce que l'eau soit absorbée. Égouttez et laissez
refroidir.

● Mélangez les feuilles de menthe, les feuilles de persil
grossièrement ciselée, l'oignon vert émincé, le vinaigre de xérès,
le jus de citron et l'huile d'olive restante dans un grand saladier.

● Ajoutez-le chou-fleur, les pois chiches et le quinoa dans le saladier,
salez et poivrez. Parsemez de feta émiettée et mélangez. Servez
la salade tiède ou froide.

Taboulé au curry et au chou-fleur

Faites cuire le chou-fleur en
bouquets dans une casserole
d'eau bouillante avec 1 c. à s.
de curry pendant 5 min.
Égouttez-le et poursuivez
la préparation.

Taboulé de brocoli

Remplacez le chou-fleur par
la même quantité de brocoli.
La cuisson reste la même.

Taboulé à la pomme et au chou-fleur

Ajoutez 1 pomme gala coupée
en dés au taboulé. Vous pouvez
également ajouter quelques
noix concassées.

Taboulé au chou-fleur et à l'agneau

Ajoutez des morceaux de gigot
cuit au taboulé.

Tacos à la dinde et au cheddar

Ajoutez 1 tranche de cheddar sur la viande encore chaude.

Tacos végétariens

Remplacez la dinde par 300 g de tofu nature. Saupoudrez le tofu des mêmes épices et faites-le cuire à la poêle pendant 3 min.

Tacos au bœuf haché

Remplacez le poulet par la même quantité de bœuf haché.

Poulet à la mexicaine

Préparez le poulet comme indiqué dans la recette, mais servez-le en plat principal, accompagné de riz basmati.

Préparation : 20 min • **Cuisson :** 15 min • **Pour 4 personnes**

600 g de filets de dinde coupés en lanières • 1 paquet de mélange d'épices pour tacos • 2 c. à s. d'huile végétale • ¼ de chou rouge finement émincé • 50 g de jeunes pousses • 1 petit poivron rouge finement émincé • 2 c. à s. de vinaigre de riz • 1 boîte de haricots mélangés de 400 g • 1 boîte de maïs en grains de 125 g • 1 petit poivron vert finement émincé • 2 c. à s. de persil plat ciselé • 8 tacos-shell • 1 tasse de crème aigre

- Préchauffez le four à 180 °C.

- Parsemez la dinde du mélange d'épices. Faites chauffer l'huile dans une poêle à feu moyen, puis ajoutez la dinde. Laissez cuire en remuant de 4 à 5 min, ou jusqu'à ce que la dinde soit cuite. Réservez-la à couvert dans un plat allant au four.

- Mettez le chou, les jeunes pousses et le poivron rouge dans un saladier. Mélangez.

- Mélangez les haricots, le maïs, le poivron vert et la moitié du persil dans un autre saladier.

- Faites cuire les tacos shell au four pendant 5 min.

- Mélangez le reste de persil avec la crème aigre.

- Garnissez chaque taco shell avec de la dinde, un peu de mélange au chou et de mélange aux haricots. Servez avec la crème aigre.

Tacos de bœuf

Répartissez la préparation dans un taco, déposez une tranche de fromage de type emmental par-dessus et faites cuire au four pendant quelques minutes.

Galettes de tortilla maison

Mélangez 200 g de farine avec 50 g de beurre dans un saladier. Versez 70 ml d'eau, puis malaxez bien le tout. Faites cuire les galettes pendant 2 min de chaque côté dans une poêle bien chaude.

Tortillas aux épices

Ajoutez 1 c. à c. de paprika, 1 c. à c. de cumin et ½ c. à c. de piment fort au bœuf haché.

Tortillas au maïs et aux haricots rouges

Ajoutez 50 g de haricots rouges et 50 g de maïs en boîte à la préparation au bœuf.

Préparation : 15 min • **Cuisson :** 10 min • **Pour 2 personnes**

1 poivron rouge • 1 petite branche de céleri • 150 g de viande de bœuf haché • 1 c. à s. d'huile d'olive • 2 c. à s. de ciboulette ciselée • 5 cl de crème fraîche • 4 minitortillas • sel et poivre de Cayenne

● Lavez le poivron, épépinez-le et ôtez-en la membrane blanche, puis détaillez-le en fines lanières.

● Coupez la branche de céleri en tranches fines.

● Faites saisir la viande hachée avec l'huile d'olive dans une poêle à feu vif pendant 5 min environ. Dès que la viande est cuite, réservez-la dans une assiette à part.

● Faites revenir les légumes dans la même poêle pendant 3 min environ. Mélangez-les avec la viande, salez et poivrez.

● Mélangez la ciboulette avec la crème fraîche. Badigeonnez les tortillas de ce mélange, puis répartissez la garniture dessus et enroulez-les.

Wraps au poulet et à la mangue

Découpez 1 petite mangue en dés et ajoutez-la à la préparation au même moment que le poulet.

Wraps aux cacahuètes

Ajoutez 2 c. à s. de cacahuètes finement hachées à la préparation.

Wraps au bœuf et wasabi

Remplacez le poulet par la même quantité de bœuf et ajoutez 1 pointe de wasabi dans chaque wrap.

Wraps au saumon

Faites cuire 2 filets de saumon frais à la vapeur pendant 20 min et nappez-les de sauce soja. Coupez-les en lanières et ajoutez-les dans les tortillas.

Préparation : 30 min • **Repos :** 1 h • **Cuisson :** 10 min • **Pour 4 wraps**

200 g de blancs de poulet • 3 c. à s. de sauce soja sucrée • 2 c. à s. d'huile d'olive • 150 g de fromage frais • 2 c. à s. de moutarde • 200 g de pousses de soja • 4 tortillas

- Découpez les blancs de poulet en lanières et placez-les dans un bol avec 3 c. à s. de sauce soja sucrée. Mélangez.

- Faites revenir le poulet dans de l'huile chaude pendant 5 min environ.

- Mélangez le fromage frais, la moutarde, le poivre et le reste de la sauce soja.

- Lavez les pousses de soja et égouttez-les bien.

- Nappez les tortillas de la préparation à base de fromage, puis ajoutez les pousses de soja et le poulet.

- Roulez les tortillas pour en faire des cornets et servez.

Wraps aux légumes grillés

Faites revenir 1 courgette et 1 aubergine coupées en rondelles dans une poêle avec un peu d'huile d'olive jusqu'à ce qu'elles soient bien grillées, puis ajoutez-les dans les wraps.

Wraps au tzatziki

Ajoutez quelques rondelles de concombre dans la garniture, garnissez-en les wraps puis nappez-les de tzatziki avant de les rouler.

Wraps au bœuf et au cheddar

Remplacez les pois chiches et l'œuf par 300 g de bœuf haché et faites-le revenir pendant quelques minutes à la poêle. Ajoutez 2 tranches de cheddar dans chaque wrap avant de les rouler.

Pitas aux falafels

Préparez la même recette en remplaçant les tortillas par du pain pita coupé en deux. Vous pouvez ajouter ½ oignon rouge haché dans les pains pita en même temps que les dés de tomate. Supprimez le fromage râpé.

Préparation : 30 min • Repos : 1 h • Cuisson : 10 min • Pour 4 wraps

400 g de pois chiches en boîte • 3 c. à s. de coriandre ciselée • 1 œuf • 50 g de farine • le jus de ½ citron • 1 c. à c. de cumin en poudre • 200 g de grains de maïs en boîte • huile végétale • quelques feuilles de salade • 1 tomate • 4 cl de crème fraîche • 4 tortillas • 50 g de fromage râpé • sauce au piment fort • sel et poivre

- Mixez ensemble les pois chiches, la coriandre, l'œuf, la farine, le jus de citron et le cumin, jusqu'à l'obtention d'une texture lisse.

- Versez le mélange dans un saladier et ajoutez les grains de maïs rincés et égouttés. Mélangez, salez et poivrez.

- Formez des boulettes de cette préparation dans la paume de vos mains, puis laissez-les reposer au réfrigérateur sur une assiette à couvert pendant 1 h.

- Faites chauffer de l'huile dans une grande poêle à frire à feu vif (un bout de pain jeté dans la poêle doit se mettre à grésiller immédiatement), puis faites cuire les falafels sur toutes les faces de 4 à 5 min jusqu'à ce qu'ils dorent. Égouttez-les sur du papier absorbant.

- Taillez les feuilles de salade en lanières et coupez la tomate en petits dés.

- Étalez la crème fraîche sur les tortillas, ajoutez de la salade, des falafels, des dés de tomate et parsemez de fromage râpé. Ajoutez un peu de sauce au piment et enroulez les wraps.

PLATS COMPLETS

AUBERGINES FARCIES SAUCE BOLOGNAISE

Préparation : 15 min • Cuisson : 55 min • Pour 4 à 6 personnes

4 aubergines • 600 g de sauce bolognaise • 150 g de petits pois congelés et décongelés • 200 g de feta • 35 de fromage râpé • 2 c. à s. d'huile d'olive • quelques feuilles d'origan • sel et poivre

- Préchauffez le four à 180 °C.

- Lavez les aubergines, coupez-les en deux dans la longueur, salez-les et rincez-les. Évidez-les en laissant 1 cm de chair dans les aubergines.

- Hachez la chair des aubergines, puis mélangez-la dans un saladier avec la bolognaise, les petits pois et la feta émiettée.

- Garnissez les moitiés d'aubergine de cette préparation et placez-les sur une plaque à four garnie de papier sulfurisé.

- Parsemez de fromage râpé et versez l'huile en filet. Faites cuire au four de 50 à 55 min, jusqu'à ce que les aubergines soient tendres.

- Parsemez de feuilles d'origan et servez.

BOLOGNAISE AUX ŒUFS ET TOASTS

Préparation : 10 min • Cuisson : 20 min • Pour 4 personnes

2 c. à s. d'huile d'olive • 1 piment rouge long • 900 g de sauce bolognaise au bœuf • 1 c. à c. de paprika fumé • 4 œufs • 50 g de fromage râpé • 2 c. à s. de persil ciselé • pain grillé, pour servir

- Préchauffez le four à 180 °C.

- Faites chauffer 1 c. à s. d'huile d'olive dans une grande poêle allant au four à feu moyen, faites-y revenir le piment épépiné et haché pendant 1 min.

- Ajoutez la sauce bolognaise et le paprika. Faites cuire en remuant de 3 à 4 min.

- Faites 4 cavités dans la poêle à l'aide d'une cuillère, puis cassez 1 œuf dans chacune d'elles. Salez et poivrez.

- Versez le reste d'huile d'olive sur les œufs, et parsemez de fromage râpé.

- Faites cuire au four de 10 à 15 min. Parsemez de persil et servez accompagné de pain grillé.

Mouillettes à l'ail

Frottez l'ail sur 4 belles tranches de pain de campagne, arrosez de 1 filet d'huile d'olive, puis enfournez-les pendant 5 min à 200 °C. Coupez des lamelles, puis accompagnez les œufs.

Bolognaise au bacon

Ajoutez des fines tranches de bacon dans la bolognaise avant d'insérer les œufs.

Pizza aux œufs et à la bolognaise

Déroulez la pâte à pizza et étalez les ingrédients de la préparation de la même façon. Enfournez de 25 à 30 min à 180 °C.

Bolognaise aux merguez

Ajoutez 5 merguez coupées en tronçons dans la sauce bolognaise.

Boulettes de dinde

Remplacez la même quantité d'agneau par de la dinde mixée préalablement au blender.

Pâte de curry vert

Remplacez le curry jaune par du curry vert pour un plat plus relevé.

Curry aux pois chiches et aux petits pois

Ajoutez 100 g de pois chiches et 100 g de petits pois au même moment que les haricots verts.

Boulettes d'agneau au ras el-hanout

Remplacez la pâte de curry par 1 bonne c. à s. de ras el-hanout.

BOULETTES D'AGNEAU ET COURGE AU CURRY

Préparation : 20 min • Cuisson : 40 min • Pour 4 personnes

500 g de potiron • 200 g de haricots verts • 1 gousse d'ail • 500 g de viande d'agneau hachée • 1 c. à s. d'huile végétale • 1 oignon • 4 c. à s. de pâte de curry • 250 ml de bouillon de bœuf • 400 ml de lait de coco • riz basmati, pour servir • sel et poivre

- Détaillez la chair du potiron en dés de 3 cm. Équeutez les haricots verts et coupez-les en deux en diagonale.

- Épluchez l'ail et hachez-le. Mélangez-le avec la viande d'agneau dans un petit saladier. Salez et poivrez. Formez des boulettes de viande dans la paume de vos mains.

- Faites chauffer l'huile dans une grande poêle et faites-y revenir les boulettes sur toutes les faces pendant 5 min. Retirez-les de la poêle et réservez.

- Pendant ce temps, épluchez l'oignon et hachez-le finement. Placez-le dans la poêle à la place des boulettes et faites-le revenir à feu doux pendant 5 min. Ajoutez ensuite la pâte de curry et poursuivez la cuisson pendant 1 min.

- Versez alors le bouillon et le lait de coco dans la poêle et portez le tout à ébullition. Ajoutez les dés de potiron, faites cuire à couvert pendant 10 min à feu modéré.

- Remettez les boulettes de viande dans la poêle ainsi que les haricots verts. Poursuivez la cuisson à couvert de 10 à 15 min, jusqu'à ce que le potiron soit bien tendre.

- Servez le curry accompagné de riz basmati.

CANNELLONIS AUX ÉPINARDS

Préparation : 10 min • Cuisson : 45 min • Pour 4 à 6 personnes

*1 oignon • 1 botte d'épinards (environ 500 g) • 1 c. à s. d'huile d'olive
• 2 c. à c. d'origan émietté • 300 g de ricotta • 100 g de parmesan (un peu
+ pour la cuisson) • le zeste de 1 citron • ½ c. à c. de noix muscade râpée
• 200 g de cannellonis cuits • 180 g de mozzarella • sel et poivre*

Pour la béchamel : 40 g de beurre • 2 c. à s. de farine • 720 ml de lait

- Préchauffez le four à 180 °C.

- Épluchez l'oignon et hachez-le. Lavez les épinards, essorez-les et hachez-les grossièrement. Faites chauffer l'huile dans une grande poêle et faites-y revenir l'oignon de 3 à 4 min à feu vif.

- Ajoutez les épinards et l'origan et poursuivez la cuisson pendant 1 min, jusqu'à ce que les feuilles d'épinard commencent à flétrir. Transférez alors le contenu de la poêle dans un saladier avec la ricotta, la moitié du parmesan, le zeste de citron et la noix muscade râpée. Salez et poivrez, mélangez.

- Préparez la béchamel. Faites fondre le beurre à feu vif dans une casserole. Ajoutez la farine et poursuivez la cuisson pendant 1 min. Hors du feu, ajoutez le lait petit à petit en fouettant vigoureusement.

- Remettez ensuite la casserole sur le feu et faites épaissir la sauce pendant 3 min environ. Retirez du feu, ajoutez le reste de parmesan, salez et poivrez.

- Farcissez les cannellonis de la préparation aux épinards. Versez un tiers de la béchamel dans le fond d'un plat à gratin, disposez les cannellonis sur une seule couche dans le plat et versez le reste de la sauce.

- Disposez la mozzarella en tranches par-dessus, saupoudrez d'un peu de parmesan et faites cuire au four de 25 à 30 min.

Cannellonis au chèvre et aux épinards

Remplacez la même quantité de ricotta par du chèvre frais.

Cannellonis au saumon

Ajoutez des morceaux de saumon cuit préalablement 20 min à la vapeur dans la préparation aux épinards.

Cannellonis aux légumes du soleil

Faites revenir une aubergine, une courgette et un poivron à la poêle pendant 30 min jusqu'à ce qu'ils soient tendres puis ajoutez les dans la préparation à la place des épinards.

Cannellonis à la bolognaise

Remplacez les épinards et la ricotta par de la sauce bolognaise au bœuf.

CASSOLETTE DE POLENTA AUX HARICOTS À LA TOMATE

Préparation : 20 min • Repos : 1 nuit • Cuisson : 1 h 30 • Pour 4 personnes

300 g de haricots rouges secs • 900 g de jarret de porc fumé • 1 oignon • 1 gousse d'ail • 2 c. à s. d'huile d'olive • 400 g de tomates en boîte • 400 g de purée de tomates • 2 c. à s. de sirop d'érable (ou, à défaut, de miel) • 1 c. à s. de sauce Worcestershire® (ou, à défaut, de sauce soja) • 2 c. à c. de moutarde • sel et poivre

Pour la polenta : 50 g de beurre • 160 g de polenta • 250 ml de bouillon • 200 ml de lait • sel

- Mettez les haricots secs dans un bol. Couvrez-les d'eau et faites-les tremper pendant 1 nuit.

- Coupez le jarret en morceaux et placez-les avec les haricots dans une grande casserole. Couvrez d'eau et portez à ébullition. Baissez le feu et poursuivez la cuisson pendant 1 h, jusqu'à ce que les haricots soient tendres. Retirez ensuite la viande de la casserole et égouttez les haricots, en conservant environ 125 ml d'eau de cuisson.

- Faites revenir l'oignon et l'ail hachés avec l'huile dans une casserole à feu vif de 2 à 3 min. Ajoutez l'eau de cuisson réservée, les tomates en dés, la purée de tomates, le sirop d'érable, la sauce Worcestershire® et la moutarde.

- Émincez finement la viande et ajoutez-la dans la casserole avec les haricots. Laissez mijoter pendant 30 min.

- Préparez la polenta. Portez 720 ml d'eau à ébullition avec le beurre et 1 pincée de sel dans une casserole. Ajoutez la polenta. Baissez le feu et mélangez de 5 à 10 min, jusqu'à ce que la préparation ait épaissi.

- Ajoutez alors le bouillon, laissez mijoter de 6 à 8 min, jusqu'à ce que presque tout le liquide soit absorbé. Ajoutez le lait et laissez cuire de 20 à 30 min. Servez les haricots accompagnés de la polenta.

Poulet aux haricots

Dans la même poêle que les haricots, faites revenir des blancs de poulet coupés en morceaux pendant 8 min avec le reste des ingrédients.

Polenta aux champignons

Coupez une vingtaine de champignons de Paris puis faites-les revenir dans une poêle jusqu'à ce qu'ils soient bien cuits. Ajoutez-les dans la polenta juste après le lait.

Escalopes de veau à la polenta à la tomate

Faites revenir sur chaque face de fines escalopes de veau dans une poêle. Servez les escalopes accompagnées de la polenta et versez de la sauce tomate sur le dessus de celle-ci juste avant de servir.

Triangle de polenta au parmesan

Préparez la polenta en ajoutant 40 g de parmesan. Une fois cuite, placez-la sur une plaque. Détaillez des triangles à l'aide d'un emporte-pièce puis servez aussitôt.

CRUMBLE SALÉ À LA COURGETTE

Préparation : 10 min • Cuisson : 10 min • Pour 6 personnes

40 g de beurre • 70 g de panure • 1 gousse d'ail • 350 g de courgettes vertes • 350 g de courgettes jaunes • 1 c. à s. de thym haché • 100 ml de crème liquide

- Faites fondre 20 g de beurre dans une petite poêle, ajoutez la panure, mélangez bien, puis retirez la poêle du feu et réservez.

- Épluchez la gousse d'ail et hachez-la. Lavez les courgettes et coupez-les en rondelles.

- Faites fondre le beurre restant dans une grande poêle, ajoutez l'ail et le thym et faites-les revenir pendant 30 s.

- Ajoutez alors les courgettes et faites-les cuire en remuant pendant 3 min, ou jusqu'à ce qu'elles soient tendres.

- Versez la crème liquide et portez à ébullition. Transférez le contenu de la poêle dans un plat à gratin, puis parsemez avec la panure.

- Placez le plat sous le gril du four pendant quelques minutes, jusqu'à ce que la panure soit dorée et croustillante. Servez immédiatement.

Crumble à l'origan

Ajoutez 1 c. à c. d'origan séché dans la préparation de la pâte à crumble.

Crumble aux courgettes et à la feta

Ajoutez 100 g de feta coupée en morceaux dans la préparation aux courgettes.

Crumble de poivrons

Remplacez la même quantité de courgettes vertes et jaunes par du poivron rouge et jaune.

Crumble de cabillaud à la tomate

Faites précuire à la vapeur 6 filets de cabillaud pendant 10 min au four à 180°C. Dans 6 petits plats différents, déposez un filet de poisson découpé en morceaux avec quelques tomates cerises coupées en deux et parsemez de crumble. Enfournez pour 15 min.

Curry de patates douces au tofu

Remplacez les nouilles par 500 g de patates douces puis faites-les cuire à l'eau pendant 20 min.

Tofu à l'indienne

Faites revenir 300 g de tofu nature avec du 100 g de petits pois et 80 g de chou fleur déjà cuit. Ajoutez 1 c. à c. de curry et 1 c. à c. de cumin. Remplacez les nouilles par du riz.

Curry de crevettes

Remplacez la même quantité de tofu par des crevettes.

Curry au lait d'amande

Remplacez le lait de coco par du lait d'amande pour une saveur plus douce.

Préparation : 20 min • Cuisson : 10 min • Pour 4 personnes

185 g de nouilles de riz • 3 c. à s. d'huile végétale • 300 g de tofu • 4 c. à s. de pâte de curry vert • 250 ml de lait de coco • 2 c. à s. de sucre roux • 2 c. à c. de sauce nuoc-mâm • 100 g de pois mange-tout • 2 oignons verts • 20 g de coriandre ciselée • le jus et le zeste de 1 citron vert

● Placez les nouilles de riz dans un saladier résistant à la chaleur et couvrez-les d'eau bouillante. Laissez reposer pendant 10 min, puis égouttez-les.

● Faites chauffer 2 c. à s. d'huile dans un wok. Épongez-le tofu à l'aide de papier absorbant et coupez-le en cubes de 2 cm de côté.

● Faites-le frire pendant 1 min de chaque côté, jusqu'à ce qu'il soit doré, puis égouttez-le sur du papier absorbant.

● Ajoutez le reste d'huile dans le wok et faites revenir la pâte de curry pendant 1 min. Ajoutez alors le lait de coco, le sucre et la sauce nuoc-mâm. Portez à ébullition, puis réduisez le feu et laissez mijoter de 3 à 5 min, jusqu'à ce que la sauce épaississe.

● Ajoutez les nouilles, les dés de tofu, les pois mange-tout, les oignons émincés, le jus et le zeste de citron, la coriande puis mélangez bien. Servez immédiatement.

Dahl de lentilles corail

Remplacez les lentilles vertes par des lentilles corail.

Dahl de lentilles à la noix de coco

Ajoutez 20 cl de lait de coco ainsi que 30 g de noix de coco râpée en fin de cuisson des lentilles.

Dahl de pommes de terre et de lentilles

Faites cuire 500 g de pommes de terres coupées en morceaux avec les lentilles.

Dahl d'épinards au garam masala

Ajoutez 400 g d'épinards surgelés en même temps que les lentilles ainsi qu'une c. à c. d'épices garam masala.

Préparation : 30 min • Trempage : 1 h • Cuisson : 2 h • Pour 4 à 6 personnes

400 g de lentilles • 20 g de gingembre • 3 piments verts longs • 2 tomates • 4 échalotes • 4 gousses d'ail • 50 g de ghee (ou, à défaut, de beurre fondu) • 1 c. à s. de graines de moutarde (facultatif) • 3 c. à c. de curcuma • feuilles de coriandre • sel

Pour le chou-fleur croustillant : 3 échalotes • 2 gousses d'ail • 2 piments verts • 120 g de ghee (ou, à défaut, de beurre fondu) • 2 c. à s. de graines de moutarde • 200 g de chou-fleur • 2 à 3 feuilles de curry (ou, à défaut, ½ c. à c. de curry en poudre)

● Faites tremper les lentilles dans un saladier d'eau pendant 1 h. Égouttez-les et mettez-les dans une grande casserole. Versez 2 l d'eau et portez à ébullition à feu moyen, en écumant régulièrement.

● Pelez le gingembre et émincez-le grossièrement. Épépinez les piments et coupez-les en rondelles. Coupez les tomates en dés. Pelez les échalotes et l'ail puis hachez-les. Mixez le gingembre et les piments pour former une pâte, ajoutez les tomates et mixez de nouveau.

● Faites chauffer le ghee dans une poêle à feu moyen, faites-y revenir les échalotes et l'ail de 4 à 5 min, jusqu'à ce qu'ils dorent. Ajoutez les graines de moutarde et le curcuma, laissez cuire pendant 1 min, ajoutez la préparation au piment et poursuivez la cuisson de 1 à 2 min. Ajoutez ce mélange aux lentilles, et faites cuire à feu doux de 1 h 15 à 1 h 30. Salez, mélangez et maintenez au chaud jusqu'au service.

● Séparez le chou-fleur en bouquets. Épluchez les échalotes et l'ail, hachez-les ; épépinez les piments et coupez-les en rondelles. Faites chauffer le ghee dans une poêle à feu vif et faites-y revenir les échalotes, l'ail et les piments de 2 à 3 min. Ajoutez les graines de moutarde et laissez cuire jusqu'à ce qu'elles commencent à éclater. Ajoutez le chou-fleur et faites-le sauter de 8 à 10 min. Ajoutez les feuilles de curry et salez. Servez le dahl de lentilles surmonté du chou-fleur et de feuilles de coriandre.

FLAN AUX ASPERGES ET AU CAMEMBERT

Flan aux champignons et au camembert

Ajoutez 150 g de champignons forestiers à la préparation.

Flan aux asperges et au jambon de Bayonne

Ajoutez des tranches de jambon de Bayonne coupé en lamelles dans la préparation du flan.

Flan aux poireaux et aux lardons

Otez le camembert et les asperges. Coupez 200 g de poireaux en rondelles et ajoutez 50 g de lardons dégraissés dans l'appareil à flan. Le temps de cuisson est le même.

Flan au roquefort et aux noix

Supprimez les asperges et le camembert. Coupez des morceaux de roquefort et hachez des cerneaux de noix et ajoutez-les dans l'appareil à flan.

Préparation : 10 min • Cuisson : 40 min • Pour 4 personnes

1 botte asperges vertes • 200 g de ricotta • 15 cl de crème fraîche • 3 œufs • 2 c. à s. de persil ciselé • camembert • sel et poivre

● Préchauffez le four à 180 °C.

● Faites blanchir les asperges dans une casserole d'eau bouillante salée pendant 10 min. Plongez-les dans un saladier rempli d'eau fraîche pour arrêter la cuisson, puis détaillez-les en tronçons de 5 cm.

● Fouettez la ricotta, la crème fraîche et les œufs ensemble dans un saladier. Ajoutez ensuite le persil ciselé, les tronçons d'asperge, salez et poivrez.

● Versez cette préparation dans des ramequins individuels allant au four. Ajoutez 2 tranches de camembert sur le dessus.

● Faites cuire au four de 25 à 30 min, jusqu'à ce que les flans soient pris. Servez bien chaud.

Frittata au chorizo et au parmesan

Remplacez le jambon par des rondelles de chorizo.

Frittata au jambon et au cheddar

Remplacez le parmesan par des tranches de cheddar coupées en morceaux.

Frittata aux poivrons

Coupez des lanières de 2 poivrons rouges et faites-les revenir avec le poireau.

Frittata au poulet

Faites revenir un beau blanc de poulet à la poêle, coupez-le en morceaux, puis ajoutez-les dans la préparation.

Préparation : 15 min • **Cuisson :** 35 min • **Pour 4 personnes**

½ poireau • 30 g de beurre • 120 g de fines tranches de jambon • 30 g de persil ciselé (+ quelques feuilles, pour servir) • 5 œufs • 60 g de parmesan râpé (+ quelques copeaux, pour servir) • 150 ml de crème fraîche entière • 1 c. à c. de moutarde à l'ancienne • salade, pour accompagner • sel et poivre

- Préchauffez le four à 150 °C.

- Lavez le poireau et coupez-le en tranches.

- Faites fondre le beurre à feu moyen dans une petite casserole puis faites-y revenir le poireau de 2 à 3 min.

- Ajoutez le jambon en lanières et le persil ciselé, et poursuivez la cuisson pendant 1 min. Retirez ensuite du feu et laissez refroidir.

- Fouettez les œufs, le parmesan, la crème fraîche et la moutarde ensemble dans un saladier. Salez et poivrez.

- Disposez le mélange aux poireaux dans un plat à gratin beurré, puis versez l'appareil aux œufs par-dessus.

- Mettez le plat à gratin dans un plat plus grand et versez de l'eau chaude jusqu'à la moitié de la hauteur.

- Faites cuire au four de 25 à 30 min, jusqu'à ce que la fritatta soit juste prise.

- Parsemez de feuilles de persil et de copeaux de parmesan, servez.

218 of 416

Sauce épicée

Ajoutez 1 à 2 gouttes de Tabasco® et 1 c. à s. de persil ciselé dans la sauce pour une alternative plus relevée.

Gâteau de riz aux aubergines et aux lardons

Remplacez les courgettes par de l'aubergine coupée en petits dés préalablement cuits à la poêle avec 1 filet d'huile d'olive pendant 10 min. Ajoutez des lardons dégraissés dans le riz.

Riz au curry et aux raisins secs

Ajoutez 1 c. à c. de curry dans la cuisson du riz. Remplacez le maïs par des raisins secs.

Gâteau de riz aux châtaignes et aux champignons

Remplacez les courgettes, le maïs et le bacon par 300 g de châtaignes en boîte et 200 g de champignons de Paris. Coupez-les en petits morceaux et ajoutez-les dans la préparation.

GÂTEAU DE RIZ AU BACON ET AU MAÏS

Préparation : 15 min • Cuisson : 30 min • Repos : 10 min • Pour 4 personnes

5 œufs • 125 g de riz long grain cuit • 2 courgettes • 240 g de maïs en boîte • 4 tranches de bacon • 50 g de fromage râpé • sel et poivre

Pour la sauce : 1 oignon rouge • 2 tomates • 1 c. à s. d'huile d'olive • sel et poivre

- Préchauffez le four à 180 °C.

- Fouettez les œufs et le riz dans un saladier.

- Lavez les courgettes, râpez-les et pressez-les pour en extraire l'excès d'eau.

- Ajoutez-les dans le saladier avec le maïs rincé et égoutté, les tranches de bacon hachées et la moitié du fromage. Mélangez bien, salez et poivrez.

- Versez la préparation dans un moule carré de 20 cm de côté beurré et chemisé. Parsemez avec le reste de fromage râpé.

- Faites cuire au four de 25 à 30 min. Sortez le plat du four, puis laissez reposer la préparation pendant 10 min.

- Préparez la sauce. Épluchez l'oignon et hachez-le. Lavez les tomates et coupez-les en dés.

- Mélangez l'oignon, les tomates et l'huile d'olive dans un bol. Salez et poivrez.

- Servez le gâteau de riz et de maïs coupé en tranches et accompagné de sauce.

GRATIN DE BOULETTES
DE VIANDE AU FROMAGE

Préparation : 10 min • Cuisson : 20 min • Pour 4 personnes

*500 g de viande de poulet hachée • 1 œuf • 50 g de panure • 1 c. à s.
d'huile d'olive • 40 g de beurre • 40 g de farine • 500 ml de lait • 200 g
de petits pois surgelés et décongelés • 1 boule de mozzarella • salade
mélangée, pour servir • poivre*

- Préchauffez le four à 200 °C.

- Mélangez la viande hachée, l'œuf et la panure dans un saladier.

- Formez une vingtaine de boulettes de cette préparation dans
  la paume de vos mains.

- Faites-les revenir avec l'huile dans une poêle à frire pendant 5 min
  à feu vif. Réservez.

- Faites chauffer le beurre dans une casserole à feu moyen, ajoutez
  la farine, mélangez bien et laissez cuire pendant 1 min.

- Hors du feu, versez le lait en fouettant vivement, puis remettez
  la casserole sur le feu pendant 5 min, jusqu'à ce que la préparation
  épaississe.

- Mettez les boulettes de viande dans un plat à gratin, recouvrez-les
  de sauce béchamel, ajoutez les petits pois et la mozzarella en
  tranches. Poivrez.

- Faites cuire au four pendant 10 min, jusqu'à ce que la mozzarella
  ait fondu.

- Servez les boulettes de viande accompagnées de salade mélangée.

GRATINS DE PÂTES

Gratins de pâtes aux champignons

Ajoutez une poignée de champignons de Paris coupés en quatre dans la sauce.

Gratin de pâtes aux boulettes de bœuf

Ajoutez des boulettes de bœuf déjà prêtes dans le mélange de pâtes.

Gratin de coquillettes au jambon

Remplacez les macaroni par des coquillettes et ajoutez des morceaux de jambon dans la préparation.

Mac and cheese

Supprimez les épinards et les légumes. Ajoutez 50 g de cheddar dans les pâtes. Parsemez de gruyère juste avant d'enfourner.

Préparation : 10 min • Cuisson : 15 min • Pour 4 personnes

100 g de macaroni • 30 g de beurre • 2 c. à s. de farine • 350 ml de lait • 250 g de mélange de maïs, de petits pois et de carottes cuits • 15 g de pousses d'épinard • 1 tomate • 100 g de fromage râpé • salade verte, pour accompagner • sel et poivre

- Faites cuire les pâtes dans une casserole d'eau bouillante salée pendant 10 min, ou suivant les instructions mentionnées sur le paquet. Égouttez bien.

- Pendant ce temps, faites fondre le beurre dans une casserole à feu vif. Ajoutez la farine et mélangez pendant 1 min. Retirez la casserole du feu et versez le lait petit à petit en fouettant vivement.

- Remettez la casserole sur le feu et poursuivez la cuisson de 1 à 2 min en mélangeant, jusqu'à ce que le mélange épaississe.

- Réduisez le feu et laissez mijoter pendant 3 min, ajoutez alors les pâtes, le maïs, les petits pois et les carottes, les pousses d'épinard, la tomate coupée en dés et la moitié du fromage râpé. Salez et poivrez.

- Préchauffez le gril du four.

- Répartissez la préparation dans 4 ramequins allant au four, parsemez du reste de fromage râpé.

- Faites cuire sous le gril du four de 3 à 5 min, jusqu'à ce que le fromage soit fondu et doré.

- Servez les gratins de pâtes chauds, accompagnés de salade verte.

Purée maison

Faites cuire les pommes de terre à l'eau pendant 45 min. Écrasez-les avec un écrase-purée.

Hachis de colin

Remplacez le haddock fumé par du colin.

Hachis parmentier de bœuf

Remplacez le poisson par du bœuf haché.

Purée de carottes

Faites cuire les carottes à l'eau pendant 45 min. Écrasez-les avec un écrase-purée.

Préparation : 25 min • Cuisson : 30 min • Pour 4 personnes

500 ml de lait • 500 g de haddock fumé • 1 oignon • 40 g de beurre • 20 g de farine • purée de pommes de terre • 50 g de fromage râpé • quelques feuilles de basilic • sel et poivre

- Préchauffez le four à 200 °C.

- Faites chauffer le lait dans une casserole, puis faites-y pocher le haddock pendant 10 min. Ôtez la peau et les arêtes du poisson. Filtrez le lait et conservez-en 300 ml.

- Épluchez l'oignon et hachez-le.

- Faites fondre la moitié du beurre dans une poêle, puis faites-y blondir l'oignon. Disposez-le dans un plat à gratin avec le poisson.

- Faites fondre le reste de beurre dans une casserole et ajoutez la farine. Faites cuire pendant 1 min, puis, hors du feu, versez le lait réservé petit à petit, en fouettant vivement.

- Remettez ensuite la casserole sur le feu et poursuivez la cuisson jusqu'à ce que le mélange épaississe. Salez et poivrez, puis versez dans le plat à gratin.

- Recouvrez le tout uniformément avec la purée, puis parsemez avec le fromage râpé et faites cuire au four pendant 15 min.

- Décorez de quelques feuilles de basilic avant de servir.

Macaroni au bœuf, à la tomate et au paprika

Ajoutez du coulis de tomates et 1 c. à s. de paprika dans la préparation de pâtes.

Macaroni au veau et aux champignons

Ajoutez des champignons émincés avec la viande de veau hachée.

Macaroni au bœuf et au chèvre

Ajoutez des tranches de chèvre sur le dessus du gratin et parsemez de fromage râpé.

Macaroni au porc à la mexicaine

Remplacez le bœuf par du porc haché et ajoutez 1 c. à c. de cumin et 1 c. à c. d'épices mexicaine.

MACARONI AU BŒUF

Préparation : 5 min • Cuisson : 20 min • Pour 4 personnes

1 oignon • 30 ml d'huile • 400 g de viande de bœuf hachée • 25 g de farine • 250 g de macaroni • 1 c. à s. d'origan séché • 750 ml de bouillon de bœuf • 150 g de petits pois surgelés et décongelés • 150 g de maïs en boîte • parmesan râpé, pour servir

● Épluchez l'oignon et hachez-le. Faites chauffer l'huile dans une grande casserole et faites-y revenir l'oignon jusqu'à ce qu'il blondisse.

● Ajoutez la viande de bœuf hachée et faites cuire en remuant pendant quelques minutes. Versez ensuite la farine et mélangez pendant 1 min.

● Ajoutez les macaroni, l'origan et le bouillon. Couvrez, portez à ébullition, puis réduisez le feu et poursuivez la cuisson pendant 7 min.

● Ajoutez les petits pois et le maïs et laissez mijoter de 2 à 3 min, jusqu'à ce que les macaroni soient cuits.

● Servez ce plat saupoudré de parmesan râpé.

Macaroni aux poivrons fondants et au chorizo

Faites cuire dans une cocotte 200 g de dés de poivron rouge avec 1 oignon émincé et 1 gousse d'ail écrasée pendant 1 h jusqu'à ce que les dés de poivron soient fondants. Ajoutez-les à la préparation.

Macaroni aux calamars et au chorizo

Ajoutez 150 g de ronds de calamars coupés en morceaux au même moment que le chorizo. Faites revenir le même temps de cuisson.

Macaroni au jambon serrano et au chorizo

Déposez des tranches fines de jambon serrano sur le pain grillé avant de servir.

Gratin de macaroni au chorizo et au cheddar

Déposez la préparation dans un plat allant au four, parsemez de cheddar râpé sur le dessus et enfournez pour 5 à 8 min sous le grill jusqu'à ce que le tout soit gratiné.

Préparation : 10 min • Cuisson : 20 min • Pour 4 personnes

40 g de beurre • 2 c. à s. de farine • 475 ml de lait • 50 g de fromage râpé • 375 g de macaroni • 1 chorizo • 250 g de tomates cerises • 1 c. à s. d'huile d'olive • 10 g de feuilles de persil • pain grillé, pour servir • sel et poivre

- Faites fondre le beurre dans une casserole à feu moyen. Ajoutez la farine et laissez cuire pendant 1 min.

- Hors du feu, versez le lait petit à petit en fouettant vivement. Remettez alors la casserole sur le feu et laissez le mélange épaissir pendant 3 min environ. Ajoutez le fromage, salez et poivrez. Mélangez bien.

- Pendant ce temps, faites cuire les macaroni dans une casserole d'eau bouillante salée pendant 10 min, ou selon les indications mentionnées sur le paquet.

- Égouttez les pâtes et remettez-les dans la casserole, puis versez la sauce par-dessus.

- Pelez le chorizo et coupez-le en rondelles. Lavez les tomates cerises et coupez-les en quatre.

- Faites revenir le chorizo avec l'huile dans une poêle à feu vif de 1 à 2 min, puis ajoutez les tomates cerises et poursuivez la cuisson pendant 1 min.

- Ajoutez la préparation au chorizo et aux tomates aux pâtes dans la casserole et remuez. Parsemez de feuilles de persil et servez ce plat accompagné de tranches de pain grillées.

Macaroni au poulet et au jambon cru

Ajoutez 150 g de blancs de poulet cuit coupés en morceaux.

Béchamel au curry

Ajoutez 1 c. à c. de curry en poudre lorsque vous versez le lait.

Macaroni aux poireaux

Remplacez les épinards par 100 g de poireaux coupés en rondelles. Faites revenir le tout dans une poêle pendant 10 min avec 1 filet d'huile d'olive puis ajoutez aux pâtes.

Macaroni complet

Utilisez des macaroni au blé complet qui apporte une petite saveur en plus.

Préparation : 10 min • Cuisson : 20 min • Pour 4 personnes

4 fines tranches de prosciutto (environ 80 g) • 500 g de macaroni • 60 g de beurre • 2 c. à s. de farine • 475 ml de lait • 50 g de fromage râpé • 2 œufs • 60 g de pousses d'épinard • feuilles de salade, pour servir

● Faites revenir le prosciutto dans une poêle à feu vif de 2 à 3 min, jusqu'à ce qu'il soit croustillant. Détaillez-le en morceaux et réservez.

● Faites cuire les macaroni dans une casserole d'eau bouillante salée pendant 10 min, ou selon les indications mentionnées sur le paquet.

● Pendant ce temps, faites fondre le beurre dans une casserole à feu moyen. Ajoutez la farine et laissez cuire pendant 1 min.

● Hors du feu, versez le lait petit à petit en fouettant vivement. Remettez alors la casserole sur le feu et laissez le mélange épaissir pendant 3 min environ. Ajoutez le fromage, salez et poivrez. Mélangez bien.

● Égouttez les pâtes, puis remettez-les dans la casserole et versez la sauce par-dessus. Ajoutez les œufs légèrement battus et les épinards, salez et poivrez. Mélangez bien.

● Servez les macaroni parsemés de prosciutto et accompagnés de salade verte.

Nouilles sautées au porc et au lait de coco

Ajoutez 200 ml de lait de coco dans le wok en même temps que vous remettez le porc.

Nouilles sautées au bœuf et au sésame

Remplacez la même quantité de porc par du rosbif coupé en lamelles. Parsemez les lamelles de sauce soja et de graines de sésame avant de les faire revenir dans le wok pendant 3 min.

Nouilles sautées aux crevettes

Remplacez la viande par 400 g de crevettes roses. Faites-les revenir 2 min dans le wok.

Nouilles sautées au poulet et au gingembre

Remplacez la même quantité de porc par du blanc de poulet et ajoutez 1 c. à c. de gingembre frais râpé.

Préparation : 15 min • Repos : 5 min • Cuisson : 15 min • Pour 4 personnes

200 g de nouilles de riz • 1 oignon rouge • 2 gousses d'ail • 1 carotte • 300 g de chou rouge • ½ c. à s. d'huile d'arachide • 400 g de filet mignon de porc • 100 g de pousses d'épinard • 2 c. à s. de sauce soja • ½ c. à s. de sauce au piment doux • 2 c. à s. de jus de citron • 80 ml de bouillon de volaille • zeste de citron, pour servir • sel et poivre

- Placez les nouilles dans un saladier résistant à la chaleur et recouvrez-les d'eau bouillante. Laissez reposer pendant 5 min. Égouttez-les et réservez.

- Épluchez l'oignon, l'ail et la carotte puis émincez-les. Hachez le chou rouge.

- Faites chauffer 2 c. à c. d'huile dans un wok à feu vif. Ajoutez le porc coupé en lamelles et faites-le revenir de 2 à 3 min. Dès que le porc est cuit, enlevez-le du wok et réservez-le.

- Versez l'huile restante dans le wok et faites-y revenir l'oignon, l'ail et la carotte pendant 2 min. Ajoutez le chou rouge et poursuivez la cuisson pendant 1 min.

- Ajoutez ensuite les pousses d'épinard et mélangez. Remettez le porc dans le wok, ajoutez les nouilles, la sauce soja, la sauce au piment, le jus de citron et le bouillon de volaille.

- Dès que le mélange est bien chaud, servez le wok parsemé de zeste de citron.

Nouilles sautées aux champignons noirs

Versez de l'eau bouillante dans un bol rempli de champignons noirs déshydratés, puis laissez gonfler 3 min. Coupez-les en lamelles, puis ajoutez-les dans la préparation aux nouilles.

Nouilles sautées au wasabi

Ajoutez 1 c. à c. de wasabi dans la préparation.

Riz sauté au veau

Remplacez la même quantité de nouilles par du riz thaï. Faites cuire le riz puis ajoutez-le à la fin de la préparation comme pour les nouilles.

Nouilles sautées au veau et aux légumes croquants

Ajoutez en fin de cuisson 80 g de minimaïs, de brocolis, de carottes et petits pois. Faites-les revenir quelques minutes afin qu'ils soient juste croquants.

Préparation : 30 min • Cuisson : 15 min • Pour 4 personnes

400 g de nouilles • 4 escalopes de veau • 1 poireau • 1 c. à s. de sambal oelek (ou de pâte de piment) • huile d'olive • 1 c. à s. de sauce soja

- Faites cuire les nouilles al dente dans une casserole d'eau bouillante salée, puis égouttez-les et conservez environ 100 ml d'eau de cuisson.

- Coupez les escalopes et le poireau en fines lanières. Placez la viande dans un bol avec le sambal oelek et remuez pour bien enrober la viande.

- Saisissez la viande pendant 1 min dans une grande poêle à feu vif avec l'huile d'olive, puis retirez-la de la poêle et réservez.

- Ajoutez un peu d'huile dans la poêle et faites sauter le poireau pendant 3 min environ, ajoutez les nouilles et poursuivez la cuisson pendant 5 min. Incorporez la sauce soja.

- Ajoutez la viande et l'eau de cuisson réservée et poursuivez la cuisson jusqu'à ce que le mélange soit bien chaud. Servez.

ŒUFS À LA RATATOUILLE

Œuf cocotte à la ratatouille

Déposez la préparation à la ratatouille dans un miniplat à gratin, cassez délicatement l'œuf sur le dessus puis enfournez au bain-marie pour 8 min à 180°C.

Œufs brouillés à la ratatouille

Cassez les œufs dans un saladier, battez-les. Brouillez les œufs dans une poêle bien chaude avec 1 filet d'huile d'olive sans cesser de remuer, puis en fin de cuisson incorporez le mélange de ratatouille.

Ratatouille gratinée au parmesan

Prenez une poêle ou un plat allant au four, placez la ratatouille, faites des cavités pour insérer les œufs, puis parsemez de parmesan râpé sur l'ensemble du plat. Enfournez pour 5 min sur le gril du four.

Flan à la ratatouille

Dans un saladier, fouettez les 4 œufs avec 200 ml de crème liquide et 200 ml de lait. Ajoutez la préparation à la ratatouille puis versez dans un plat. Enfournez pour 50 min à 180°C.

Préparation : 10 min • Cuisson : 20 min • Pour 4 personnes

700 g de pommes de terre • ½ chorizo • 2 oignons • 3 gousses d'ail • 1 poivron rouge • 1 c. à s. d'huile d'olive • 400 g de tomates en boîte • 100 g de pousses d'épinard • 4 œufs • sel et poivre

● Lavez soigneusement les pommes de terre, brossez-les mais ne les épluchez pas et coupez-les en quartiers.

● Placez-les dans un récipient allant au four à micro-ondes, recouvrez-le de film alimentaire et faites-le cuire sur Maximum pendant 6 min.

● Pendant ce temps, épluchez le chorizo et coupez-le en rondelles. Épluchez l'oignon et l'ail et émincez-les. Épépinez le poivron et coupez-le en lanières.

● Faites chauffer l'huile dans une poêle à feu vif, puis faites-y revenir le chorizo pendant 30 min. Retirez-le de la poêle à l'aide d'une écumoire et réservez-le.

● Mettez les pommes de terre dans la poêle, faites-les revenir pendant 5 min. Retirez-les de la poêle à l'aide d'une écumoire et réservez-les.

● Mettez alors les oignons et le poivron à la place des pommes de terre, faites-les revenir pendant 5 min, ajoutez l'ail et poursuivez la cuisson pendant 30 s, puis remettez le chorizo et les pommes de terre dans la poêle. Ajoutez les tomates coupées en dés et les pousses d'épinard, mélangez bien. Salez et poivrez.

● Creusez quatre cavités dans la poêle avec le dos d'une cuillère. Cassez les œufs à l'intérieur et laissez cuire à couvert pendant 7 min. Servez immédiatement.

Osso-bucco épicé

Ajoutez 1 c. à c. de piment de Cayenne dans la préparation.

Osso-bucco à la polenta

Servez cet osso-bucco avec de la polenta instantanée.

Osso-bucco de dinde

Utilisez 1 kg d'osso-bucco de dinde à la place du bœuf.

Osso-bucco de moutarde à l'ancienne

Ajoutez 2 c. à s. de moutarde à l'ancienne en fin de cuisson de la viande.

Préparation : 15 min • Cuisson : 1 h 15 • Pour 4 à 6 personnes

2 c. à s. d'huile d'olive • 20 g de beurre • farine • 1 kg de tranches de jarret de bœuf pour osso bucco • 2 carottes • 1 oignon • 2 gousses d'ail • 2 branches de céleri • 4 branches de thym • 1 feuille de laurier • 120 ml de vin blanc sec • 400 g de tomates en boîte • 120 ml de bouillon de bœuf • purée de pommes de terre, pour accompagner • sel et poivre

● Faites chauffer l'huile et le beurre ensemble dans une grande poêle.

● Farinez les morceaux de viande et faites-les cuire dans la poêle de 2 à 3 min de chaque côté, jusqu'à ce qu'ils soient dorés, puis réservez-les dans une assiette.

● Épluchez les carottes, l'oignon et l'ail, et hachez-les. Coupez les branches de céleri en petits tronçons.

● Mettez les légumes à la place de la viande dans la poêle avec le thym et la feuille de laurier. Faites-les cuire pendant 3 min en mélangeant. Versez le vin et poursuivez la cuisson pendant 1 min.

● Ajoutez les tomates coupées en dés et le bouillon de bœuf, et portez le tout à ébullition. Remettez alors la viande dans la poêle et baissez le feu. Faites cuire à couvert pendant 1 h, jusqu'à ce que le veau soit bien tendre. Salez et poivrez.

● Servez l'osso-bucco accompagné de purée de pommes de terre.

PAD THAÏ AUX CREVETTES

Préparation : 15 min • Repos : 5 min • Cuisson : 10 min • Pour 4 personnes

250 g de nouilles de riz • 1 oignon rouge • 1 carotte • 2 c. à c. d'huile d'arachide • 4 œufs • 60 ml de jus de citron • ½ c. à s. de sucre roux • ½ c. à s. d'huile de sésame (facultatif) • 1 c. à s. de sauce au piment doux • 400 g de crevettes cuites • 80 de jeunes pousses • 3 c. à s. d'échalotes frites • zeste de citron, pour servir

- Mettez les nouilles dans un grand saladier résistant à la chaleur et recouvrez-les d'eau bouillante. Laissez reposer pendant 5 min, égouttez-les, puis coupez-les en deux ou trois à l'aide de ciseaux.

- Épluchez l'oignon rouge et hachez-le. Pelez la carotte et détaillez-la en bâtonnets.

- Faites chauffer l'huile dans un wok à feu moyen, ajoutez les œufs légèrement battus et faites-les cuire en remuant sans cesse pendant 3 min.

- Ajoutez les nouilles, poursuivez la cuisson pendant 2 min.

- Fouettez le jus de citron, le sucre, l'huile de sésame et la sauce au piment ensemble dans un bol. Ajoutez ce mélange dans le wok et mélangez bien.

- Ajoutez ensuite les crevettes, l'oignon, la carotte et les jeunes pousses. Mélangez et servez le pad thaï bien chaud, parsemé d'échalotes frites et de zeste de citron.

PÂTES À L'AGNEAU ET AUX LÉGUMES

Préparation : 50 min • Cuisson : 3 h • Pour 4 à 6 personnes

*80 g de pancetta • 1 carotte • 1 oignon • 2 gousses d'ail • 1 branche
de céleri • ½ c. à s. d'huile d'olive • 1,6 kg de collier d'agneau désossé
• 120 ml de vin rouge • 400 g de tomates en boîte • 200 ml
de bouillon de veau • 2 brins de romarin • 150 g de petits pois surgelés
et décongelés • 2 c. à s. de vinaigre de vin rouge • 250 g de pâtes de
type maltagliati • parmesan râpé, pour servir • sel et poivre*

- Préchauffez le four à 150 °C. Coupez la pancetta en dés. Épluchez la carotte, l'oignon et l'ail et émincez-les. Coupez le céleri en dés.

- Faites chauffer l'huile dans une grande cocotte à feu moyen, ajoutez l'agneau en morceaux et faites-le revenir sur toutes es faces de 4 à 5 min, jusqu'à ce qu'il soit doré. Réservez-le.

- Mettez la pancetta, la carotte, l'oignon et l'ail dans la cocotte et faites-les revenir de 7 à 10 min en remuant. Versez le vin et mélangez en raclant le fond de la casserole pour décoller les sucs.

- Ajoutez les tomates grossièrement coupées en morceaux, le bouillon, le romarin et portez à ébullition. Remettez l'agneau dans la cocotte, couvrez et faites cuire le tout au four de 2 h 30 à 2 h 45, jusqu'à ce que l'agneau soit bien tendre.

- Prélevez l'agneau à l'aide d'une écumoire, puis faites chauffer la cocotte à feu moyen de 8 à 10 min, jusqu'à ce que le jus réduise et épaississe. Effilochez grossièrement l'agneau et remettez-le dans la cocotte. Ajoutez alors les petits pois et le vinaigre.

- Pendant ce temps, faites cuire les pâtes dans une casserole d'eau bouillante pendant 10 min ou selon les indications mentionnées sur le paquet.

- Mettez les pâtes dans la cocotte avec l'agneau, salez et poivrez. Servez le plat parsemé de parmesan râpé.

Pâtes aux merguez et à l'agneau

Faites revenir 6 merguez dans une poêle, puis incorporez-les dans la préparation au moment d'insérer les petits pois.

Pâtes au bœuf et aux champignons

Remplacez la même quantité d'agneau par du bœuf, pièce à fondu pour bourguignon. Coupez une dizaine de champignons de Paris en quartiers et ajoutez-les au même moment que le bouillon.

Agneau aux pruneaux

Ajoutez une dizaine de pruneaux dénoyautés lors de la cuisson de l'agneau.

Couscous d'agneau aux légumes

Remplacez les pâtes par de la semoule de blé moyen. Ajoutez 100 g de pois chiches et servez ce plat sous la forme d'un couscous.

Préparation : 10 min • Cuisson : 35 min • Pour 6 personnes

1 oignon • 3 gousses d'ail • 1 piment rouge • ½ poivron rouge • 1 brocoli • 500 g de pâtes de type rigatoni • 1 c. à s. d'huile d'olive • 800 g de tomates en boîte • 300 ml de crème fraîche liquide • 400 g de thon en boîte au naturel • 15 g de feuilles de basilic • 100 g de fromage râpé • 1 boule de mozzarella • sel et poivre

● Préchauffez le four à 180 °C.

● Épluchez l'oignon et l'ail, et hachez-les. Épépinez le piment et le poivron, et émincez-les finement. Détaillez le brocoli en petits bouquets.

● Faites cuire les pâtes dans une casserole d'eau bouillante salée pendant 10 min, ou selon les indications mentionnées sur le paquet. Égouttez-les, puis réservez-les au chaud.

● Pendant ce temps, faites revenir l'oignon, l'ail et le piment avec l'huile dans une grande poêle à feu vif de 3 à 4 min.

● Ajoutez le poivron et poursuivez la cuisson de 1 à 2 min. Ajoutez alors les tomates en boîte coupées en dés et le brocoli. Portez le tout à ébullition, puis réduisez le feu et laissez mijoter pendant 3 min.

● Versez la crème, et faites cuire à petits bouillons de 4 à 5 min, jusqu'à ce que la préparation épaississe.

● Ajoutez le thon émietté et les feuilles de basilic, salez et poivrez. Versez sur les pâtes et mélangez bien.

● Versez la préparation dans un plat à gratin beurré. Parsemez de fromage râpé et de tranches de mozzarella.

● Faites cuire au four de 15 à 20 min, jusqu'à ce que le fromage soit fondu et doré. Servez chaud.

Pâtes au thon acidulées

Ajoutez 1 c. à s. de vinaigre de vin rouge dans la poêle juste avant d'ajoutez les tomates en boîte.

Pâtes au thon frais

Remplacez le thon en boîte par 4 steaks de thon rouge frais. Coupez-les en morceaux et placez-les dans le gratin.

Pâtes aux sardines

Remplacez le thon en boîte par de la sardine en boîte.

Pâtes au saumon fumé

Remplacez le thon par 4 tranches de saumon fumé coupé en lamelles.

PÂTES AUX OIGNONS CONFITS

Préparation : 10 min • Cuisson : 35 min • Pour 4 personnes

250 g de pâtes de type maltagliati • 1 poignée d'olives noires • 30 g de feuilles de roquette • 50 g de fromage râpé • sel et poivre

Pour le confit d'oignon : 3 gros oignons • 1 gousse d'ail • 2 c. à s. d'huile d'olive • 10 g de beurre • 2 c. à c. de sucre roux • 1 c. à c. de vinaigre de vin blanc • 2 brins de thym • sel et poivre

- Pelez les oignons et émincez-les finement. Pelez l'ail et hachez-le.

- Faites chauffer l'huile et le beurre dans une grande poêle à fond épais à feu moyen. Faites revenir l'oignon et l'ail de 12 à 15 min en remuant souvent, jusqu'à ce que les oignons soient dorés.

- Baissez le feu et ajoutez alors le sucre, le vinaigre et le thym.

- Poursuivez la cuisson de 15 à 20 min en remuant de temps en temps, jusqu'à ce que la préparation épaississe. Retirez du feu, salez et poivrez. Mélangez bien.

- Pendant ce temps, faites cuire les pâtes dans une casserole d'eau salée pendant 10 min, ou selon les indications mentionnées sur le paquet. Égouttez-les, puis versez-les dans un grand plat de service.

- Ajoutez les olives noires et les feuilles de roquette, salez et poivrez. Mélangez. Versez le confit d'oignons par-dessus et parsemez de fromage râpé avant de servir.

Pâtes au bœuf haché et au confit d'oignons

Faites revenir 400 g de bœuf haché dans une poêle avec 1 oignon émincé. Une fois cuits, mélangez avec les pâtes et déposez le confit d'oignons sur le dessus.

Gratin de pâtes au roquefort et au confit d'oignons

Coupez 80 g de roquefort en morceaux et ajoutez-les en fin de recette en même temps que les olives noires. Parsemez de fromage râpé et enfournez sous le gril du four pendant 5 min à 200 °C.

Minifeuilletés aux olives et au confit d'oignons

Préparez des minitartelettes avec une pâte feuilletée puis déposez un peu de confit d'oignons et une olive noire. Enfournez pendant 12 min à 180 °C.

Pâtes au boudin noir

Faites revenir un boudin noir à la poêle pendant 8 min sur chaque face. Une fois cuit, coupez-le en rondelles et incorporez-le dans la préparation aux pâtes.

Pâte à pizza maison

Mélangez 250 g de farine avec ½ sachet de levure de boulanger et ½ c. à c. de sel. Petit à petit, ajoutez 140 ml d'eau tiède tout en pétrissant pendant 5 à 10 min. Vous devez obtenir une boule de pâte homogène non collante. Laissez reposer la pâte 1 h sous un linge propre. Au bout du temps de pause, étalez la pâte très finement sur une feuille de papier de cuisson et laissez reposer encore 20 min.

Pizza au chorizo

Ajoutez des tranches fines de chorizo sur l'ensemble de la pizza en alternant avec les tomates et le brie.

Pizza au chèvre et à la tomate

Remplacez le brie par de la bûche de chèvre.

Pizza au jambon et aux champignons

Coupez une dizaine de champignons de Paris et 4 tranches de jambon en lamelles, puis déposez-les sur l'ensemble de la pizza.

Préparation : 25 min • Cuisson : 25 min • Pour 6 personnes

5 échalotes • 1 gousse d'ail • 1 bouquet de basilic • ½ bouquet de menthe • 200 g d'olives noires • 1 c. à s. d'huile d'olive • 500 g de pâte à pizza • 4 tomates • 180 g de brie • sel et poivre

● Préchauffez le four à 240 °C.

● Épluchez les échalotes et coupez-les en fines rondelles. Épluchez l'ail et hachez-le. Lavez le basilic et la menthe, séchez-les et ciselez-les. Dénoyautez les olives.

● Mettez le tout dans un saladier avec l'huile d'olive, remuez. Salez.

● Abaissez la pâte à pizza sur environ 4 mm d'épaisseur. Déposez-la sur une plaque à four garnie de papier sulfurisé.

● Répartissez le mélange aux échalotes sur la pâte à pizza.

● Lavez les tomates et coupez-les en fins quartiers. Taillez le brie en lamelles. Garnissez-en la pizza, salez et poivrez.

● Faites cuire la pizza au four, en plaçant la plaque en bas du four pendant 25 min.

PIZZAS AUX CREVETTES ET AUX OLIVES

Préparation : 20 min • Cuisson : 25 min • Pour 4 personnes

4 tomates • 1 pâte à pizza • 120 ml de sauce tomate • 400 g de crevettes décortiquées • 50 g d'olives noires dénoyautées • 40 g de câpres • 1 gousse d'ail • 2 c. à s. d'huile d'olive • 20 g de feuilles de roquette • quartiers de citron, pour servir

- Préchauffez le four à 220 °C.

- Lavez les tomates et coupez-les en fines rondelles.

- Divisez la pâte en 4 portions égales. Étalez-les en 4 disques de taille égale.

- Étalez la sauce tomate sur chacun des disques de pâte, puis répartissez les tomates, les crevettes, les olives noires, les câpres et l'ail par-dessus.

- Placez les pizzas sur une plaque à four garnie de papier sulfurisé et faites-les cuire de 10 à 12 min, jusqu'à ce qu'elles soient dorées et croustillantes.

- Ajoutez les feuilles de roquette sur chacune des pizzas et servez-les accompagnées de quartiers de citron.

POISSON PANÉ

Préparation : 10 min • Cuisson : 15 min • Pour 4 personnes

50 g de farine • 1 œuf • 2 c. à s. de lait • 100 g de panure • 1 c. à c. d'herbes de Provence • 500 g de filets de poisson à chair blanche • huile végétale
Pour accompagner : • 150 g de salade mélangée • aïoli

- Mettez la farine dans une assiette creuse. Dans une autre assiette creuse, mélangez les œufs battus et le lait, et dans une troisième, la panure et les herbes de Provence.

- Coupez les filets de poisson en tronçons, passez-les dans la farine, puis secouez-en l'excès.

- Trempez-les ensuite dans le mélange à l'œuf, puis roulez-les dans la panure de manière à bien les recouvrir.

- Faites chauffer de l'huile dans une grande poêle. Faites frire le poisson de 1 à 2 min de chaque côté jusqu'à ce qu'il soit doré. Égouttez-le sur du papier absorbant.

- Servez le poisson pané accompagné de salade et d'aïoli.

Polenta grillée aux tomates séchées

Ajoutez 40 g de tomates séchées en même temps que le parmesan.

Polenta aux herbes de Provence et aux saucisses de volaille

Remplacez la saucisse italienne par de la saucisse de volaille. Ajoutez 1 c. à s. d'herbes de Provence en même temps que le parmesan.

Polenta grillée au piment d'Espelette et au chorizo

Ajoutez 1 c. à c. de piment d'Espelette dans la préparation de la polenta. Faites revenir 4 chorizos dans une poêle pendant quelques minutes.

Polenta grillée au barbecue

Une fois la polenta cuite et reposée dans le plat, découpez des quartiers et placez-les sur le barbecue pour un goût fumé pendant 5 min de chaque face.

Préparation : 20 min • Repos : 1 h • Cuisson : 40 min • Pour 4 personnes

375 ml de lait • 170 g de polenta • 25 g de parmesan râpé (+ quelques copeaux pour servir) • 2 c. à s. d'huile d'olive • 6 saucisses italiennes • 1 oignon • 1 carotte • 2 gousses d'ail • 1 branche de céleri • 700 g de tomates bien mûres • 10 g de basilic ciselé + quelques feuilles pour servir • sel et poivre

- Portez le lait et 240 ml d'eau à ébullition dans une casserole à feu vif, puis baissez le feu. Versez la polenta petit à petit en fouettant jusqu'à l'obtention d'une consistance lisse et homogène.

- Baissez encore le feu et poursuivez la cuisson à feu doux en remuant pendant 5 min, jusqu'à ce que la polenta n'attache plus à la casserole. Ajoutez le parmesan, salez et poivrez.

- Versez la polenta dans un moule beurré et chemisé de 20 cm de diamètre et lissez-en la surface à l'aide de vos doigts légèrement humidifiés. Laissez reposer à température ambiante pendant 1 h.

- Pendant ce temps, faites chauffer la moitié de l'huile dans une poêle, puis faites-y revenir les saucisses de 6 à 8 min, jusqu'à ce qu'elles soient bien dorées de tous les côtés. Retirez-les de la poêle et réservez.

- Épluchez l'oignon, la carotte et l'ail, et hachez-les. Émincez finement la branche de céleri. Coupez les tomates en dés. Faites revenir l'oignon, la carotte, le céleri et l'ail avec l'huile restante dans la poêle pendant 5 min. Ajoutez les tomates, salez et poivrez. Laissez mijoter de 10 à 15 min, jusqu'à ce que la préparation épaississe.

- Coupez les saucisses en rondelles et remettez-les dans la poêle, ajoutez le basilic.

- Découpez la polenta en quartiers et faites-les revenir à la poêle pendant 5 min de chaque côté. Servez-les avec la saucisse et parsemée de quelques feuilles de basilic et de copeaux de parmesan.

Poulet aux abricots

Remplacez la même quantité d'ananas par des abricots.

Crevettes aux patates douces et à l'ananas

Remplacez le poulet par 400 g de crevettes décortiquées puis faites-les revenir pendant 6 min à la poêle.

Poulet au lait de coco

Ajoutez 100 ml de lait de coco en même temps que la crème liquide.

Tajine de poulet aux patates douces

Préparez la recette de la même manière au départ, mais au lieu de laisser mijoter dans la casserole, versez le tout dans un tajine et enfournez pour 1 h à 160°C.

Préparation : 10 min • Cuisson : 45 min • Pour 4 personnes

65 g de farine • 1 c. à c. de curry en poudre • 1 pincée de cannelle moulue • ½ c. à c. de paprika doux • 1 c. à s. d'huile d'olive • 15 g de beurre • 4 à 6 morceaux de poulet • 500 g de patates douces • 440 g d'ananas en conserve au naturel • 100 ml de crème fraîche • 250 ml de bouillon de volaille • 125 ml de jus d'orange • quelques feuilles de coriandre • sel et poivre

● Mélangez la farine, le curry, la cannelle et le paprika dans un bol. Salez et poivrez.

● Faites chauffer l'huile et le beurre à feu vif dans une casserole à fond épais.

● Passez les morceaux de poulet dans le mélange à base de farine, secouez-en l'excès, puis saisissez-les dans la casserole de 8 à 10 min, en remuant pour les faire dorer sur toutes les faces.

● Ajoutez les patates douces coupées en cubes, l'ananas égoutté et coupé en morceaux, la crème fraîche, le bouillon de volaille et le jus d'orange. Portez à ébullition, puis baissez le feu et laissez mijoter à découvert de 30 à 35 min à feu moyen, jusqu'à ce que la patate douce soit tendre et que le poulet soit cuit à cœur. Salez et poivrez.

● Servez le poulet parsemé de feuilles de coriandre.

Poulet pané aux cacahuètes

Mixez 5 c. à s. de cacahuètes et ajoutez-les aux flocons d'avoine.

Poulet pané épicé

Ajoutez 1 bonne c. à s. de piment fort dans la panure.

Dinde panée au parmesan

Remplacez la même quantité de poulet par de la dinde et ajoutez 4 c. à s. de parmesan râpé à la chapelure.

Fried chicken

Préparez des beignets de poulet en coupant des petits morceaux de poulet que vous roulerez dans le lait puis dans la chapelure. Enfournez pour 30 min à 180°C.

Préparation : 20 min • Repos : 15 min • Cuisson : 15 min • Pour 4 personnes

4 filets de poulet • 45 g de farine • 1 œuf • 2 c. à s. de lait • 160 g de flocons d'avoine • 1 c. à c. de paprika • 60 ml d'huile végétale • 60 g de beurre • feuilles de bette • quartiers de citron, pour servir

- Mettez les filets de poulet dans un sac plastique alimentaire et écrasez-les à l'aide d'un rouleau à pâtisserie de manière à ce qu'ils soient le plus fin possible.

- Coupez les filets de poulet en deux, passez-les dans la farine et secouez-en l'excès.

- Mélangez l'œuf et le lait dans une assiette creuse et les flocons d'avoine et le paprika dans une seconde assiette.

- Trempez les filets de poulet dans le mélange aux œufs, puis dans les flocons d'avoine de manière à bien les enrober, et laissez reposer pendant 15 min.

- Faites chauffer l'huile et la moitié du beurre dans une poêle, faites frire les filets de poulet à feu moyen de 2 à 3 min sur chaque face, jusqu'à ce qu'ils soient dorés. Égouttez-les sur du papier absorbant.

- Pendant ce temps, faites fondre le reste de beurre dans une poêle à feu vif, puis faites-y sauter les feuilles de bette ciselées de 4 à 5 min.

- Servez le poulet pané accompagné des feuilles de bette et de quartiers de citron.

Ragoût d'agneau au cumin

Ajoutez 1 c. à s. de cumin en poudre en même temps que le paprika.

Ragoût d'agneau à la patate douce et à la coriandre

Faites cuire dans une casserole 1 grosse patate douce coupée en petits morceaux pendant 20 min, puis ajoutez-les au même moment que les champignons. Saupoudrez de coriandre fraîche ciselée.

Ragoût d'agneau aux courgettes

Ajoutez 2 grosses courgettes coupées en rondelles dans le bouillon.

Ragoût de veau aux olives

Remplacez la même quantité d'agneau par du jarret de veau.

RAGOÛT D'AGNEAU AUX OLIVES

Préparation : 10 min • Cuisson : 2 h 15 • Pour 4 personnes

1 oignon • 2 gousses d'ail • 1 carotte • 100 g de champignons de Paris • 45 g d'olives noires • 1 c. à s. d'huile d'olive • 750 g de jarret d'agneau • 2 c. à c. de paprika fumé • 500 ml de bouillon de bœuf • 400 g de tomates en boîte • 2 c. à c. de sucre roux • 1 feuille de laurier • 375 g de pâtes de type pappardelle • 15 g de parmesan râpé • feuilles de basilic, pour servir

- Épluchez l'oignon et l'ail et hachez-les. Pelez la carotte et émincez-la. Parez les champignons et coupez-les en fines tranches. Dénoyautez les olives et coupez-les en rondelles.

- Faites chauffer l'huile dans une cocotte à feu vif. Faites revenir l'agneau sur toutes les faces de 1 à 2 min. Ôtez la viande de la cocotte et réservez-la.

- Faites revenir l'oignon, l'ail et la carotte à la place de la viande dans la cocotte de 1 à 2 min. Ajoutez alors les champignons et le paprika et poursuivez la cuisson pendant 2 min.

- Remettez l'agneau dans la cocotte ainsi que le bouillon de bœuf, les tomates coupées en dés, les olives, le sucre et la feuille de laurier. Portez à ébullition, puis baissez le feu et laissez mijoter à couvert pendant 2 h à feu doux.

- Faites cuire les pâtes dans une casserole d'eau salée pendant 10 min, ou selon les indications mentionnées sur le paquet. Égouttez-les et réservez-les au chaud.

- Prélevez l'agneau, désossez-le et effilochez-le, puis remettez-le dans la cocotte. Ôtez la feuille de laurier et jetez-la.

- Ajoutez le ragoût d'agneau aux pâtes, et servez le plat parsemé de parmesan râpé et de feuilles de basilic.

RAGOÛT DE BŒUF À LA GUINNESS®

Préparation : 25 min • Cuisson : 2 h • Pour 4 à 6 personnes

Ragoût de bœuf au panais

Épluchez et coupez 2 panais en quartiers, ajoutez-les dans le bouillon et laissez mijoter 2 h.

Ragoût d'agneau à la Guinness®

Remplacez la même quantité de bœuf par de l'épaule d'agneau.

Ragoût de bœuf au coca

Remplacez la Guinness® par une canette de coca pour une version plus américaine.

Purée de petits pois

Faites cuire 400 g de petits pois avec 250 ml de bouillon pendant 15 min, mixez les petits pois et mélangez avec 100 g de ricotta. Réservez sur feu doux jusqu'au moment de servir avec le ragoût.

1 kg d'épaule de bœuf • 40 g de farine • 2 c. à s. d'huile d'olive • 4 tranches de bacon • 3 carottes • 2 pommes de terre • 1 oignon • 2 gousses d'ail • 1 bulbe de fenouil • 3 branches de céleri • 4 brins de thym • 2 feuilles de laurier • 1 cannette de 440 ml de Guinness® • 500 ml de bouillon de bœuf • 1 c. à s. de sauce Worcestershire® • pain toasté, pour servir • sel et poivre

● Préchauffez le four à 180 °C.

● Coupez le bœuf en cubes et farinez-les, puis secouez-en l'excès.

● Faites chauffer la moitié de l'huile dans une cocotte à feu vif, puis faites-y revenir le bœuf sur toutes les faces de 4 à 5 min. Réservez.

● Détaillez le bacon en lamelles. Épluchez les carottes, les pommes de terre, l'oignon et l'ail et émincez-les. Taillez le fenouil et coupez les branches de céleri en fins tronçons.

● Mettez le reste de l'huile dans la cocotte et faites-y revenir le bacon, les carottes, le céleri, le fenouil, l'oignon et l'ail de 4 à 5 min.

● Remettez le bœuf dans la cocotte, remuez bien, puis ajoutez les pommes de terre, les brins de thym et les feuilles de laurier. Salez et poivrez.

● Versez ensuite la Guinness®, le bouillon de bœuf et la sauce Worcestershire et portez le tout à ébullition.

● Faites mijoter à couvert de 1 h 30 à 2 h, jusqu'à ce que le bœuf soit très tendre. Enlevez les feuilles de laurier et jetez-les. Servez ce plat accompagné de pain toasté.

RIZ AUX COURGETTES ET AU PARMESAN

Préparation : 15 min • Cuisson : 35 min • Pour 4 personnes

2 courgettes • ½ oignon rouge • 2 gousses d'ail • 2 tomates • 1 c. à s. d'huile d'olive • 1 c. à c. d'origan • 250 g de riz basmati • 625 ml de bouillon de volaille • 15 g de persil ciselé • 15 g de basilic ciselé • copeaux de parmesan, pour servir • sel et poivre

- Lavez les courgettes et coupez-les en cubes de 1 cm de côté. Épluchez l'oignon et l'ail, et hachez-les. Ébouillantez les tomates, puis pelez-les, épépinez-les et hachez-les.

- Faites revenir les cubes de courgettes avec 2 c. à c. d'huile d'olive à feu moyen dans une casserole à fond épais pendant 3 min. Retirez-les de la casserole et réservez-les.

- Faites chauffer le reste de l'huile dans la casserole, puis faites-y revenir l'oignon et l'ail pendant 1 min.

- Ajoutez les tomates et l'origan, salez et poivrez. Poursuivez la cuisson de 2 à 3 min, en remuant régulièrement, jusqu'à ce que le liquide s'évapore.

- Versez ensuite le riz et le bouillon, et portez à ébullition, puis baissez le feu et laissez mijoter à couvert pendant 25 min, jusqu'à ce que le riz soit tendre.

- Ajoutez les dés de courgettes, le persil et le basilic. Salez et poivrez.

- Servez le riz aux courgettes parsemé de copeaux de parmesan râpé.

RIZ SAUTÉ AU PORC ET AUX LÉGUMES

Préparation : 10 min • Cuisson : 20 min • Pour 4 personnes

30 ml d'huile de tournesol • 2 gros œufs • 2 gousses d'ail • 4 oignons verts • 2 carottes • 1 c. à s. de gingembre râpé • 500 g de viande de porc hachée • 75 g de petits pois surgelés et décongelés • 500 g de riz cuit • 30 ml de sauce soja • 20 ml de vin blanc • feuilles de coriandre, pour servir

- Faites chauffer la moitié de l'huile dans un wok, ajoutez les œufs légèrement battus et faites-les revenir à feu vif, en remuant constamment pendant quelques minutes. Retirez-les du wok et réservez-les.

- Épluchez l'ail et hachez-le. Émincez les oignons verts. Pelez les carottes et détaillez-les en bâtonnets.

- Versez l'huile restante dans le wok, ajoutez l'ail et le gingembre et faites revenir pendant 1 min. Ajoutez le porc et faites-le revenir en remuant jusqu'à ce qu'il soit cuit.

- Ajoutez ensuite les oignons verts, les carottes, les petits pois, le riz, la sauce soja et le vin blanc, et faites revenir le tout de 10 à 15 min, remettez les œufs dans le wok et mélangez.

- Servez le plat parsemé de quelques feuilles de coriandre.

RIZ SAUTÉ AU TOFU ET AUX HARICOTS

Préparation : 15 min • Cuisson : 20 min • Pour 4 personnes

huile végétale • 300 g de haricots verts • 30 g de fécule de maïs
• 1 c. à c. de cinq-épices • 300 g de tofu • 3 gousses d'ail • 1 piment rouge
• 2 oignons verts • 1 c. à c. de gingembre râpé • 600 g de riz thaï cuit
• 2 c. à s. de sauce soja

● Faites chauffer 1 c. à s. d'huile dans un wok à feu moyen,
puis faites-y revenir les haricots verts équeutés et coupés en deux
pendant 8 min. Retirez-les ensuite du wok et maintenez-les
au chaud.

● Mélangez la fécule de maïs et le cinq-épices dans une assiette
creuse. Mettez le tofu coupé en dés dans l'assiette et mélangez
pour bien recouvrir les cubes sur toutes les faces.

● Faites chauffer de l'huile dans une casserole à fond épais et faites
frire les dés de tofu par lots de 3 ou 4 de 1 à 2 min, jusqu'à
ce qu'ils soient dorés et croustillants.

● Retirez-les de la casserole à l'aide d'une écumoire et égouttez-les
sur du papier absorbant, puis coupez-les en deux.

● Pelez l'ail et hachez-le. Épépinez le piment et coupez-le en fines
rondelles. Émincez les oignons verts.

● Faites revenir l'ail, le piment, les oignons et le gingembre dans le
wok avec 1 c. à s. d'huile pendant 30 s. Remettez les haricots verts,
ajoutez le riz et la sauce soja et poursuivez la cuisson de 2 à 3 min.

● Ajoutez le tofu, mélangez bien et servez aussitôt.

SALADE DE CHOU AU BŒUF

Préparation : 20 min • **Marinade :** 20 min • **Cuisson :** 10 min
• **Pour 4 personnes**

250 g de rumsteck • 1 c. à s. de jus de citron vert • 1 c. à s. de nuoc-mâm • 1 c. à s. d'huile végétale • 2 c. à c. de sucre roux • ½ chou chinois • 1 pomme rouge • 1 piment rouge • 25 g de jeunes pousses • 10 g de feuilles de coriandre • 10 g de feuilles de menthe

Pour la sauce : 2 c. à s. de jus de citron vert • 1 c. à s. de nuoc-mâm • 2 c. à c. de sucre roux

- Détaillez le bœuf en fines lamelles, puis placez-les dans un saladier avec le jus de citron vert, le nuoc-mâm, l'huile et le sucre. Mélangez, puis recouvrez le saladier de film alimentaire et laissez mariner pendant 20 min.

- Pendant ce temps, hachez le chou chinois. Lavez la pomme, évidez-la et coupez-la en fines tranches. Épépinez le piment et détaillez-le en fines rondelles. Placez-les dans un saladier avec les jeunes pousses, les feuilles de coriandre et de menthe.

- Préparez la sauce. Fouettez le jus de citron vert, le nuoc-mâm et le sucre ensemble dans un bol jusqu'à ce que le sucre se dissolve.

- Faites revenir le bœuf avec la marinade dans un wok à feu vif de 2 à 3 min, en remuant bien, jusqu'à ce qu'il soit doré sur toutes les faces. Laissez reposer hors du feu pendant 1 min.

- Ajoutez alors le bœuf dans le saladier, versez la sauce par-dessus, mélangez rapidement et servez.

SALADE DE PENNES AU FENOUIL ET AUX SARDINES

Salade de fenouil aux raisins secs

Ajoutez 50 g de raisins secs préalablement gonflés dans l'eau bouillante.

Salade d'anchois

Remplacez les sardines par des anchois en boîte.

Salade de sardines

Utilisez des sardines déjà prêtes à l'emploi en boîte.

Sauce au curry

Ajoutez 1 c. à c. de curry en poudre dans la sauce.

Préparation : 15 min • Cuisson : 25 min • Pour 8 personnes

Pour la salade : 500 g de pâtes de type penne • 3 bulbes de fenouil (500 g environ) • 4 oignons verts • 2 gousses d'ail • 10 sardines fraîches (environ 400 g) écaillées et vidées • 4 c. à s. d'huile d'olive • 3 c. à s. de pignons de pin • sel et poivre

Pour la sauce : 2 c. à s. de jus de citron • 4 c. à s. d'huile d'olive • sel

- Faites cuire les pâtes al dente dans une casserole d'eau bouillante salée pendant 10 min, ou suivant les indications mentionnées sur le paquet. Égouttez-les et laissez-les refroidir dans un grand saladier.

- Lavez les bulbes de fenouil et coupez-les finement. Émincez les oignons verts. Épluchez les gousses d'ail et hachez-les.

- Lavez bien les sardines et épongez-les. Faites-les ensuite revenir pendant 2 min de chaque côté dans une poêle avec 2 c. à s. d'huile d'olive et l'ail haché. Salez et poivrez, retirez les sardines de la poêle et laissez-les tiédir.

- Ajoutez l'huile d'olive restante dans la poêle et faites revenir le fenouil et les oignons verts pendant 4 min en remuant régulièrement. Déglacez avec 4 c. à s. d'eau. Poursuivez la cuisson à couvert pendant 4 min.

- Pendant ce temps, faites griller les pignons de pin à sec dans une petite poêle.

- Préparez la sauce. Mettez le jus de citron et 1 pincée de sel dans un bol et incorporez l'huile en fouettant.

- Étêtez les sardines, ôtez-en les arêtes et coupez les poissons en morceaux. Ajoutez le fenouil, les oignons, les pignons de pin et les sardines aux pâtes dans le saladier. Versez la sauce, remuez délicatement et servez.

SOUPE AU POTIRON ET TOASTS PESTO-FROMAGE

Pesto à la roquette

Mixez 100 g de roquette avec 50 pignons de pin, 2 gousses d'ail, 2 c. à s. de parmesan, et versez de l'huile d'olive au fur et à mesure jusqu'à obtenir la consistance souhaitée.

Soupe au potiron et au Kiri®

Ajoutez 4 portions de Kiri® dans la soupe de potiron, faites fondre et mélangez bien.

Soupe au potiron et au coco

Ajoutez 15 cl de lait de coco dans la cuisson lorsque les légumes sont tendres.

Toast de chèvre et pesto

Sur chaque tranche de pain, déposez une tranche de chèvre et versez du pesto à la roquette sur le dessus avant de servir.

Préparation : 15 min • Cuisson : 25 min • Pour 4 personnes

1 oignon • 2 gousses d'ail • 750 g de potiron • 2 grosses pommes de terre • 2 c. à c. d'huile d'olive • 1 c. à c. de noix muscade râpée • 2 cubes de bouillon de volaille • 500 ml de crème liquide entière • sel et poivre

Pour les toasts : ½ baguette • pesto de roquette • 65 g de fromage râpé

- Épluchez l'oignon et l'ail et hachez-les. Pelez le potiron, ôtez-en les graines et coupez-le en morceaux. Épluchez les pommes de terre et coupez-les en dés.

- Faites chauffer l'huile dans une grande poêle à feu moyen, puis faites-y revenir l'oignon pendant 2 min. Ajoutez l'ail et la noix muscade, faites revenir en remuant pendant 30 s.

- Ajoutez ensuite le potiron, les pommes de terre et les cubes de bouillon émiettés. Versez 1,25 l d'eau.

- Portez à ébullition, puis réduisez le feu et laissez mijoter à couvert pendant 20 min. Quand les légumes sont tendres, mixez la soupe, salez et poivrez.

- Pendant ce temps, préchauffez le gril du four.

- Coupez la demi-baguette en 8 tranches, étalez du pesto sur chacune d'elles, puis parsemez-les de fromage râpé.

- Placez les tranches de pain sur une plaque à four garnie de papier sulfurisé, puis faites-les cuire sous le gril du four pendant 1 min, ou jusqu'à ce que le fromage soit fondu.

- Versez la crème liquide dans la soupe, sans mélanger, poivrez et servez les toasts en accompagnement.

Soupe de céleri

Ajoutez ½ céleri-rave coupé en morceaux. Faites-les cuire à l'eau bouillante dans une casserole et ajoutez-les dans le bouillon de volaille.

Soupe de poireaux au fromage frais

Ajoutez 100 g de fromage frais type St Môret® en fin de cuisson. Laissez le tout fondre et servez la soupe.

Soupe de petits pois

Remplacez le poireau par 300 g de petits pois. Faites cuire directement les petits pois avec les pommes de terre.

Soupe de poireaux et crevettes snackées

Faites revenir très brièvement les crevettes dans une poêle pendant 2 min avec de la sauce soja. Servez aussitôt avec le velouté de poireaux.

Préparation : 10 min • Cuisson : 40 min • Pour 4 personnes

4 blancs de poireau • 330 g de pommes de terre • 80 g de beurre • 1 l de bouillon de volaille • 300 ml de crème liquide • 1/3 de pain de campagne écroûté • 2 c. à s. de persil ciselé • sel et poivre

- Détaillez grossièrement les poireaux en rondelles. Pelez les pommes de terre et coupez-les en cubes de 3 cm de côté.

- Faites revenir les poireaux avec la moitié du beurre, dans une grande casserole à feu moyen de 4 à 5 min. Salez et poivrez.

- Ajoutez ensuite les pommes de terre, le bouillon de volaille et portez à ébullition. Laissez cuire pendant 30 min et ajoutez la crème 2 min avant la fin de la cuisson.

- Mixez la soupe, salez et poivrez.

- Pendant ce temps, taillez le pain en croûtons de 1 cm de côté.

- Faites fondre le reste de beurre dans une poêle à feu moyen, puis faites-y revenir les croûtons de 3 à 5 min, jusqu'à ce qu'ils soient dorés. Ajoutez le persil et mélangez bien.

- Servez la soupe parsemée de croûtons.

Croûtons au cheddar

Remplacez le parmesan râpé par du cheddar râpé.

Soupe au tofu

Remplacez le poulet haché par du tofu coupé en petits dés.

Soupe de lentilles corail

Remplacez la même quantité de poulet par des lentilles corail que vous ferez cuire en même temps que les haricots et les pâtes.

Soupe aux crevettes

Remplacez le poulet par des crevettes décortiquées. Incorporez-les au même moment que les pâtes.

SOUPE AUX RISONIS, AUX HARICOTS ET AU POULET

Préparation : 10 min • **Cuisson :** 20 min • **Pour 4 personnes**

1 oignon • 1 carotte • 2 gousses d'ail • 250 de viande de poulet hachée • 1 c. à s. d'huile d'olive • 2 l de bouillon de volaille • 2 c. à s. de thym émietté • 1 feuille de laurier • 400 g de haricots blancs en boîte • 100 g de pâtes de type risoni • 1 tomate • quelques feuilles de persil, pour servir • sel et poivre

Pour les croûtons : ¼ de pain au levain • 2 c. à s. d'huile d'olive • 30 g de parmesan râpé

- Épluchez l'oignon, la carotte et l'ail puis hachez-les.

- Faites revenir le poulet haché avec l'huile d'olive dans une grande casserole à feu vif de 2 à 3 min en remuant sans arrêt.

- Ajoutez l'oignon, la carotte et l'ail et poursuivez la cuisson de 2 à 3 min, sans cesser de remuer.

- Ajoutez ensuite le bouillon de volaille, le thym et le laurier. Portez à ébullition, puis réduisez le feu.

- Ajoutez les haricots bien égouttés et les pâtes. Laissez mijoter de 10 à 12 min à feu doux, jusqu'à ce que les pâtes soient tendres. Salez et poivrez. Retirez la casserole du feu et ajoutez la tomate épépinée et hachée.

- Préparez les croûtons. Disposez le pain coupé en morceaux sur une plaque à four garnie de papier sulfurisé. Versez 1 filet d'huile d'olive et parsemez de parmesan râpé. Faites cuire au four de 8 à 10 min, jusqu'à ce que les croûtons soient dorés et que le fromage soit fondu.

- Servez la soupe garnie de croûtons et de feuilles de persil.

Soupe de carottes et d'orange

Ajoutez le jus d'une orange fraîche.

Soupe de carottes et de potimarron

Remplacez le butternut par du potiron.

Toast à la tomate et à la coriandre

Coupez 2 tomates en rondelles, déposez-les sur les tranches de pain, saupoudrez de coriandre et déposez une noisette de harissa.

Soupe de carottes aux pois chiches

Ajoutez 100 g de pois chiches lors de la cuisson.

Préparation : 15 min • Cuisson : 1 h • Pour 4 personnes

Pour la soupe : 1 oignon • 3 carottes • ½ panais • 200 g de courge butternut • 1 piment rouge • 2 c. à s. d'huile d'olive • 1 c. à s. de cumin en poudre • 1 c. à s. de graines de coriandre • 2 c. à s. de beurre fondu • 1 l de bouillon de légumes • 12 cl de crème fraîche • quelques feuilles de coriandre, pour servir • sel et poivre noir

Pour les toasts à la harissa : huile d'olive • 1 baguette • 1 c. à s. de harissa

- Préchauffez le four à 180 °C.

- Épluchez l'oignon et coupez-le en huit. Épluchez les carottes et le panais puis coupez-les grossièrement en rondelles. Prélevez la chair de la courge et coupez-la en dés. Épépinez le piment et coupez-le en fines rondelles.

- Placez le tout dans un plat à gratin profond, versez l'huile d'olive par-dessus et faites cuire au four pendant 40 min, ou jusqu'à ce que les légumes soient cuits et dorés.

- Versez le bouillon dans le plat à gratin et faites cuire de nouveau au four pendant 15 min. Laissez tiédir, puis mixez les légumes avec la crème fraîche jusqu'à l'obtention d'une texture lisse. Salez et poivrez.

- Faites réchauffer la soupe dans une casserole à feu doux pendant quelques minutes.

- Préparez les toasts à la harissa. Coupez la baguette en tranches et faites-les griller au grille-pain (ou, à défaut, sous le gril du four), versez de l'huile d'olive en filet par-dessus, puis étalez un peu de harissa sur chacune.

- Garnissez la soupe de feuilles de coriandre et accompagnez des toasts à la harissa.

**Soupe de poulet
aux vermicelles**

Ajoutez 200 g de vermicelles
5 min avant de servir.

**Soupe de bœuf
aux légumes**

Remplacez les ailes de poulet
par 200 g de bœuf haché

**Soupe de veau
aux lentilles**

Mélangez 400 g de viande de
veau coupée en morceaux avec
150 g de pois chiches et 200 g
de lentilles, 2 carottes coupées
en rondelles, 1 gousse d'ail
et 1 oignon émincé dans une
cocotte, et laissez cuire avec
1,5 l d'eau pendant 50 min.

**Soupe de poulet
au chorizo**

Ajoutez 50 g de chorizo coupé
en petits dés.

SOUPE DE POULET
AUX LÉGUMES

Préparation : 10 min • Cuisson : 35 min • Pour 4 personnes

*4 ailes de poulet • 2 carottes • 1 grosse pomme de terre • 2 branches de
céleri • 1,2 l de bouillon de volaille • 420 g de crème de maïs • quelques
feuilles de persil, pour servir • sel et poivre*

● Déposez les ailes de poulet coupées en deux dans une grande
casserole et couvrez d'eau. Portez à ébullition à feu vif et faites
cuire pendant 2 min. Égouttez et rincez le poulet.

● Épluchez les carottes et la pomme de terre et émincez-les. Hachez
les branches de céleri.

● Mettez les ailes de poulet dans une seconde casserole avec le
bouillon, les carottes, la pomme de terre et le céleri. Faites mijoter
à couvert de 25 à 30 min à feu moyen, jusqu'à ce que le poulet soit
cuit et que les légumes soient tendres, en écumant régulièrement.

● Ajoutez la crème de maïs et poursuivez la cuisson de 2 à 3 min.
Salez et poivrez.

● Servez la soupe de poulet parsemée de feuilles de persil.

Boulettes de bœuf aux petits pois

Ajoutez 30 g de petits pois dans le façonnage des boulettes.

Boulettes de dinde

Remplacez la même quantité de bœuf haché par de la dinde hachée.

Boulettes de bœuf au paprika

Ajoutez 1 c. à c. de paprika en poudre dans la préparation des boulettes de bœuf.

Boulettes de poulet teriyaki

Remplacez la même quantité de bœuf par du poulet hachée et ajoutez 1 c. à s. de sauce soja sucré et du piment doux.

SPAGHETTIS AUX BOULETTES DE BŒUF

Préparation : 20 min • Repos : 30 min • Cuisson : 25 min • Pour 4 personnes

4 tranches de bacon • 2 gousses d'ail • 1 oignon • 500 g de viande de bœuf hachée • 45 g de panure • 30 g de parmesan râpé (un peu + pour servir) • 2 œufs • 3 c. à c. de romarin haché • ½ c. à c. de piment en poudre • 1 c. à s. d'huile d'olive • 750 ml de concentré de tomates • 120 ml de vin rouge • 2 c. à s. de vinaigre de vin rouge • 1 c. à s. de sucre roux • 500 g de spaghettis • quelques feuilles de persil, pour servir • sel et poivre

- Émincez finement le bacon. Épluchez l'ail et l'oignon et hachez-les.

- Mélangez la viande hachée, le bacon, la panure, le parmesan, les œufs légèrement battus, 2 c. à s. de romarin, la moitié de l'ail et le piment en poudre dans un saladier. Salez et poivrez.

- Façonnez de petites boulettes de 3 cm de diamètre dans la paume de vos mains, puis laissez-les reposer au frais pendant 30 min.

- Pendant ce temps, faites revenir l'oignon, l'ail et le romarin restants avec l'huile dans une poêle à feu moyen de 3 à 4 min.

- Ajoutez le concentré de tomates, le vin rouge, le vinaigre et le sucre, portez à ébullition.

- Ajoutez alors les boulettes de viande, puis baissez le feu et laissez mijoter de 15 à 20 min à feu doux. Salez et poivrez.

- Faites cuire les spaghettis dans une casserole d'eau bouillante salée pendant 10 min, ou selon les indications mentionnées sur le paquet.

- Égouttez les spaghettis, déposez-les dans un grand plat de service et nappez-les de la sauce aux boulettes de viande.

- Saupoudrez d'un peu de parmesan et décorez de quelques feuilles de persil, et servez bien chaud.

TAGLIATELLES AUX LÉGUMES VERTS

Préparation : 10 min • Cuisson : 20 min • Pour 4 personnes

375 g de pâtes de type fettuccine • 80 ml de vin blanc sec • 300 ml de crème liquide • 500 g de restes de poulet cuit • 100 g de pois mange-tout • 150 g de petits pois surgelés et décongelés • 20 g de menthe ciselée • copeaux de parmesan • pain grillé, pour servir • sel et poivre

- Faites cuire les pâtes dans une grande casserole d'eau salée pendant 10 min, ou selon les indications mentionnées sur le paquet.

- Pendant ce temps, portez le vin à ébullition dans une grande casserole. Baissez le feu et poursuivez la cuisson jusqu'à ce que le liquide ait réduit de moitié.

- Versez la crème et laissez mijoter de 2 à 3 min.

- Ajoutez le poulet en morceaux, les pois mange-tout et les petits pois, et faites cuire de 2 à 3 min, jusqu'à ce que le poulet soit bien chaud.

- Ajoutez alors les pâtes égouttées et mélangez bien. Salez et poivrez.

- Servez les pâtes parsemées de menthe ciselée et de copeaux de parmesan. Accompagnez le plat de tranches de pain grillées.

TARTE À L'OIGNON

Préparation : 10 min • Cuisson : 20 min • Pour 6 personnes

2 oignons • 2 c. à s. d'huile • 20 cl de crème fraîche • 2 œufs • 2 c. à c. de cumin • 1 c. à c. de marjolaine séchée • 80 g de dés de jambon • 1 pâte à tarte • 1 c. à s. de ciboulette hachée • sel et poivre

● Préchauffez le four à 220 ° C.

● Épluchez les oignons et coupez-les en fines tranches.

● Faites-les frire dans une poêle avec l'huile jusqu'à ce qu'ils soient dorés. Salez et poivrez.

● Placez-les ensuite dans un bol et mélangez-les avec la crème fraîche, les œufs, le cumin, la marjolaine et les dés de jambon.

● Étalez la pâte en rectangle à l'aide d'un rouleau à pâtisserie et placez-la sur une plaque garnie de papier sulfurisé, repliez légèrement les bords vers l'intérieur et faites cuire la pâte à blanc pendant 10 min.

● Répartissez la garniture sur la pâte, ajoutez la ciboulette et poursuivez la cuisson pendant 10 min, jusqu'à ce que la tarte soit bien dorée.

TARTE AU BACON ET AUX ÉPINARDS

Préparation : 15 min • Cuisson : 25 min • Pour 4 personnes

4 tranches de bacon • 200 g de farine • 90 g de beurre à température ambiante • 250 g de tomates cerises • 50 g de pousses d'épinard • 4 œufs • 35 g de fromage râpé • sel et poivre

● Préchauffez le four à 200 °C.

● Étalez les tranches de bacon sur une plaque à four garnie de papier sulfurisé et faites cuire au four de 6 à 8 min, jusqu'à ce que le bacon soit croustillant.

● Pendant ce temps, versez la farine dans un saladier, creusez-y un puits et placez-y le beurre en parcelles. Mélangez rapidement, puis sablez la pâte en la frottant dans la paume de vos mains.

● Ajoutez ensuite 2 c. à s. d'eau et ramassez la pâte en boule. Laissez reposer au frais pendant 20 min.

● Étalez la pâte à l'aide d'un rouleau à pâtisserie de manière à former 1 disque de 24 cm de diamètre.

● Disposez les tranches de bacon, les tomates cerises coupées en deux et les pousses d'épinard sur la pâte en laissant un espace de 3 cm sur le bord, puis rabattez les bords de la pâte sur la garniture.

● Battez légèrement les œufs dans un bol, salez et poivrez. Versez sur la garniture en répartissant bien sur toute la surface. Parsemez de fromage râpé.

● Faites cuire la tarte sur une plaque à four garnie de papier sulfurisé de 20 à 25 min.

Tarte au chèvre frais

Ajoutez 60 g de chèvre frais coupé en morceaux dans la préparation aux œufs.

Tarte au maïs et au bacon

Ajoutez 50 g de maïs en boîte dans la préparation.

Tarte à la rosette

Remplacez les tranches de bacon par des tranches de rosette.

Tarte aux brocolis

Ajoutez 125 g de brocolis préalablement cuits 20 min dans une casserole remplie d'eau bouillante salée.

TARTE AUX LÉGUMES ET À LA RICOTTA

Tarte aux petits pois et à la menthe

Supprimez le potiron et les poivrons. Ajoutez 100 g de petits pois à la recette avec quelques brins de menthe.

Tarte au mascarpone

Remplacez la ricotta par du mascarpone.

Tarte à l'aubergine

Remplacez le potiron par 1 aubergine que vous ferez cuire de la même façon que la courgette.

Tarte à la dinde et aux légumes

Ajoutez 150 g de dinde cuite dans la préparation de la tarte.

Préparation : 30 min • Cuisson : 45 min • Pour 4 personnes

1 poivron rouge • 1 poivron jaune • 1 courgette • 100 g de champignons de Paris • 350 g de potiron • huile d'olive • 4 feuilles de pâte filo • 500 g de ricotta • 2 œufs • 75 g de pesto de basilic • feuilles de roquette, pour servir

- Préchauffez le four à 200° C.

- Épépinez les poivrons, ôtez-en la membrane blanche et coupez-les en lanières. Lavez la courgette et détaillez-la en tranches.

- Parez les champignons et coupez-les en quatre. Coupez la chair du potiron en cubes de 3 cm de côté.

- Placez tous les légumes sur une plaque à four garnie de papier sulfurisé, versez 1 filet d'huile d'olive par-dessus et faites cuire au four pendant 15 min, ou jusqu'à ce que les légumes soient tendres.

- Tapissez un moule beurré de 26 × 16 cm des feuilles de pâte filo badigeonnées d'huile d'olive.

- Mélangez la ricotta, les œufs et le pesto dans un saladier. Étalez cette préparation sur les feuilles de pâte filo, puis surmontez avec les légumes rôtis.

- Faites cuire au four de 25 à 30 min.

- Servez la tarte accompagnée de feuilles de roquette.

Préparation : 10 min • Cuisson : 35 min • Pour 4 personnes

1 courgette • 125 g de tomates cerises • 90 g de feta • 50 g de salami • 60 g d'olives noires • 1 c. à s. d'huile d'olive • 1 rouleau de pâte feuilletée • feuilles de roquette, pour servir

● Préchauffez le four à 200 °C.

● Lavez la courgette et coupez-la en rondelles. Lavez les tomates cerises, équeutez-les et coupez-les en deux.

● Émiettez la feta. Coupez le salami en tranches, puis hachez-les. Dénoyautez les olives et coupez-les en rondelles.

● Mélangez la courgette, les tomates, la feta, le salami, les olives et l'huile d'olive dans un saladier.

● Déroulez la pâte sur une plaque à four garnie de papier sulfurisé.

● Répartissez le mélange précédent sur la pâte feuilletée, en laissant un espace de 4 cm sur les bords, puis rabattez-les sur la garniture en les pinçant.

● Faites cuire la tarte au four de 30 à 35 min, jusqu'à ce que la pâte feuilletée soit dorée et croustillante.

● Servez la tarte accompagnée de feuilles de roquette.

Tarte aux légumes et au poulet

Remplacez le salami par des restes de poulet cuit. Vous pouvez également utiliser 2 saucisses coupées en rondelles.

Tarte aux merguez et aux légumes

Faites revenir 4 merguez dans une poêle. Coupez-les en morceaux et ajoutez-les dans la préparation de la tarte.

Tarte au piment d'Espelette et au chorizo

Ajoutez 50 g de chorizo fort coupé en morceaux ainsi que 1 c. à c. de piment d'Espelette

Tarte au chèvre

Remplacez la feta par du chèvre frais.

Tortellinis au poulet et au bacon

Faites revenir 100 g de poulet dans une poêle pendant 10 min, coupez-le en morceaux et ajoutez-le dans la préparation.

Tortellinis aux petits pois et aux haricots plats

Ajoutez 100 g de petits pois et 80 g de haricots plats. Incorporez-les au même moment que les champignons.

Tortellinis à la carbonara

Mélangez 2 jaunes d'œuf avec 4 c. à s. de parmesan râpé dans un bol. Une fois les pâtes cuites, mélangez-les avec la sauce et ajoutez 80 g de lardons dégraissés.

Tortellinis aux brocolis

Ajoutez 100 g de brocolis cuits coupés en morceaux.

Préparation : 10 min • Cuisson : 15 min • Pour 4 personnes

6 tranches de bacon • 200 g de champignons de Paris • 2 gousses d'ail • 1 c. à s. d'huile d'olive • 300 ml de crème liquide • 750 g de tortellinis au fromage • 2 c. à s. de parmesan râpé • 2 c. à s. de persil ciselé • sel et poivre

- Émincez les tranches de bacon. Parez les champignons de Paris et coupez-les en quatre. Épluchez l'ail et hachez-le.

- Faites chauffer l'huile dans une grande poêle à feu moyen. Faites-y revenir le bacon, les champignons et l'ail en remuant pendant 4 min.

- Versez la crème et poursuivez la cuisson pendant 8 min, jusqu'à ce que la sauce ait légèrement épaissi. Salez et poivrez.

- Pendant ce temps, faites cuire les pâtes dans une casserole d'eau salée pendant 5 min, ou selon les indications mentionnées sur le paquet. Égouttez-les.

- Ajoutez les pâtes, le fromage et le persil dans la poêle et mélangez bien. Servez bien chaud.

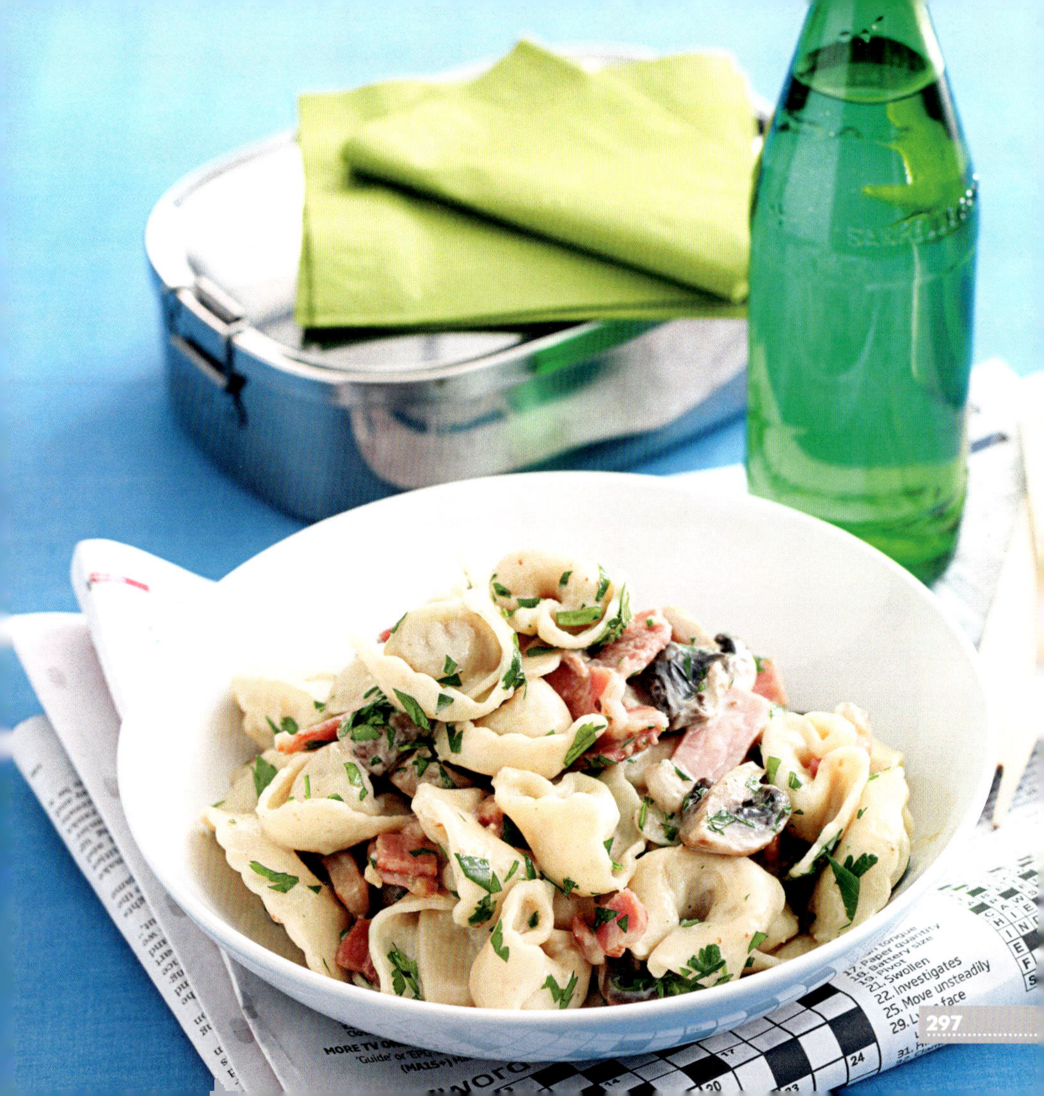
21. Swollen
22. Investigates
25. Move unsteadily

Wok de bœuf caramélisé aux poireaux

Faites revenir la viande dans le wok avec 3 c. à s. d'huile et 1 c. à s. de sauce soja sucrée. Laissez-la cuire 2 min jusqu'à ce qu'elle soit bien caramélisée. Faites cuire les poireaux émincés avec le reste des légumes.

Nouilles sautées au bœuf et aux légumes

Remplacez la même quantités de vermicelles par des nouilles.

Wok de bœuf sauté aux oignons

Supprimez le soja et le concombre. Faites revenir 3 oignons émincés dans le wok puis ajoutez le reste des ingrédients.

Wok de porc aux légumes

Remplacez la même quantité de bœuf par du filet mignon de porc.

WOK DE BŒUF AUX LÉGUMES ET AUX CACAHUÈTES

Préparation : 15 min • Repos : 10 min • Cuisson : 15 min • Pour 4 personnes

250 g de vermicelles de riz • 1 carotte • 1 concombre libanais • 160 g de pousses de soja • 30 g de feuilles de menthe • 300 g de rumsteck • 2 c. à s. de citronnelle hachée • 1 c. à c. de nuoc-mâm • ½ c. à c. de sauce soja • 1 c. à c. de sucre en poudre • 1 gousse d'ail • 1 oignon rouge • 2 c. à s. d'huile d'arachide • 35 g de cacahuètes

Pour la sauce : 1 piment oiseau • le jus de 1 citron vert • 1 gousse d'ail • 2 c. à c. de sucre en poudre • 55 ml de nuoc-mâm

- Placez les vermicelles dans un saladier et recouvrez-les d'eau bouillante. Laissez reposer pendant 10 min, puis égouttez-les.

- Pelez la carotte et coupez-la en bâtonnets ainsi que le concombre. Répartissez les vermicelles dans 4 bols individuels, puis ajoutez les bâtonnets de légumes, les pousses de soja et la menthe par-dessus.

- Coupez le rumsteck en fines lamelles, puis placez-les dans un bol avec la citronnelle, le nuoc-mâm, la sauce soja et le sucre en poudre. Réservez.

- Préparez la sauce. Mélangez le piment épépiné et haché, le jus de citron vert, l'ail haché, le sucre et le nuoc-mâm dans un bol avec 80 ml d'eau.

- Pelez l'ail et l'oignon rouge et hachez-les. Faites chauffer l'huile dans un wok, puis faites-y revenir l'ail et l'oignon à feu vif pendant 30 s. Ajoutez le bœuf et poursuivez la cuisson de 3 à 4 min, jusqu'à ce qu'il brunisse.

- Répartissez alors les lamelles de bœuf dans les bols, puis versez la moitié de la sauce par-dessus. Servez le wok de bœuf parsemé de cacahuètes concassées et accompagné du reste de sauce.

DESSERTS ET BOISSONS

Biscuits au chocolat et au gingembre

Ajoutez 3 c. à s. de cacao en poudre dans la préparation.

Biscuits à la noix de coco

Remplacez le gingembre râpé et le gingembre en poudre par 50 g de noix de coco râpée.

Biscuits fourrés au chocolat

Préparez une ganache en faisant fondre 100 g de chocolat dans 10 cl de crème fraîche. Garnissez un biscuit puis recouvrez-le d'un autre biscuit.

Crumble aux poires et au gingembre

Une fois les biscuit cuits, émiettez-les. Coupez 2 poires en dés, placez-les dans un plat allant au four, parsemez de biscuits émiettés et enfournez pour 20 min à 180°C.

BISCUITS AU GINGEMBRE

Préparation : 15 min • Cuisson : 12 min • Pour 18 biscuits

60 g de beurre • 100 g de miel • 6 c.à s. de sucre roux • 200 g de farine à levure incorporée • 2 c. à c. de gingembre en poudre • 2 c. à c. de gingembre râpé

- Préchauffez le four à 190 °C.

- Faites chauffer le beurre, le miel et 4 c. à s. de sucre dans une casserole à feu doux, jusqu'à ce que le sucre se dissolve. Laissez ensuite refroidir pendant 5 min.

- Tamisez la farine et le gingembre en poudre dans un saladier. Ajoutez le mélange au beurre et au miel ainsi que le gingembre râpé et mélangez jusqu'à l'obtention d'une pâte.

- Prélevez des cuillerées de pâte et roulez-les en boule dans la paume de vos mains, puis aplatissez-les légèrement à l'aide d'une fourchette.

- Disposez les biscuits sur une plaque à four garnie de papier sulfurisé à 4 cm d'écart les uns des autres. Saupoudrez-les du sucre restant.

- Faites cuire les biscuits au four de 10 à 12 min jusqu'à ce qu'ils dorent légèrement. Laissez-les refroidir, puis mettez-les dans un récipient hermétique.

BOISSON À LA MANGUE ET AU GINGEMBRE

Préparation : 10 min • Cuisson : 10 min • Pour 3 verres

3 mangues bien mûres (environ 550 g) (+ quelques tranches, pour servir) • 5 cm de gingembre • 1 gousse de vanille • 2 bâtons de citronnelle (1 en +, pour servir) • 375 g de sucre en poudre • 60 ml de jus de citron vert • eau minérale (facultatif)

- Épluchez les mangues et hachez-les. Pelez le gingembre et hachez-le. Fendez la gousse de vanille en deux et prélevez-en les graines. Cassez les branches de citronnelle.

- Faites chauffer les mangues, le gingembre, la gousse de vanille fendue et les graines de vanille, la citronnelle, le sucre et 360 ml d'eau dans une casserole à feu moyen jusqu'à ce que le sucre se dissolve.

- Portez ensuite à ébullition et poursuivez la cuisson de 5 à 7 min, jusqu'à ce que la mangue soit réduite en purée. Filtrez le mélange et ne conservez que le jus.

- Versez la préparation dans une carafe, ajoutez le jus de citron, mélangez, puis conservez le mélange au réfrigérateur.

- Servez le mélange additionné d'un peu d'eau minérale, de tranches de mangues, d'un bâton de citronnelle et de glaçons.

BROWNIES AUX OREO®

Préparation : 20 min • Cuisson : 50 min • Pour 16 parts

300 g de chocolat noir • 150 g de beurre • 150 g de sucre roux • 3 œufs • 1 sachet de sucre vanillé • 100 g de farine • 100 g de fromage blanc • 1 paquet de 150 g d'Oreo®

● Préchauffez le four à 180 °C.

● Cassez le chocolat en morceaux et mettez-le dans une casserole avec le beurre en parcelles. Faites cuire à feu moyen en mélangeant jusqu'à ce que la préparation soit lisse.

● Retirez la casserole du feu et ajoutez le sucre. Mélangez et laissez refroidir pendant 10 min.

● Ajoutez alors les œufs légèrement battus et le sucre vanillé.

● Ajoutez la farine et le fromage blanc en remuant jusqu'à l'obtention d'un mélange homogène.

● Versez la préparation dans un moule rectangulaire de 20 × 30 cm beurré et chemisé.

● Enfoncez légèrement les biscuits dans la pâte.

● Faites cuire au four pendant 30 min, puis recouvrez le gâteau de papier sulfurisé et poursuivez la cuisson de 15 à 20 min (ou jusqu'à ce que la pointe d'un couteau ressorte sèche quand on la plante dans le brownie).

● Laissez refroidir, puis coupez le brownie en parts carrées avant de servir.

CAKE À LA BANANE ET AUX MYRTILLES

Préparation : 15 min • Cuisson : 1 h • Pour 6 à 8 personnes

125 g de beurre à température ambiante • 125 g de sucre roux • 2 œufs
• 200 g de farine à levure incorporée • 2 bananes • 125 g de yaourt
• 100 g de myrtilles

- Préchauffez le four à 160 °C.

- Fouettez le beurre et le sucre ensemble dans un saladier jusqu'à l'obtention d'une consistance crémeuse.

- Ajoutez les œufs un par un, en battant bien à chaque fois.

- Tamisez la farine dans le saladier, mélangez bien, puis ajoutez les bananes écrasées et le yaourt. Mélangez jusqu'à l'obtention d'une consistance homogène.

- Ajoutez les myrtilles et versez la pâte dans un moule à cake beurré.

- Faites cuire au four pendant 1 h, ou jusqu'à ce que la pointe d'un couteau ressorte sèche quand on la plante dans le cake.

- Démoulez le cake et laissez-le refroidir sur une grille avant de servir.

Myrtilles à la menthe

Servez le cake accompagné de 100 g de myrtilles mélangées avec 3 c. à s. de menthe ciselée et 1 c. à s. de jus de citron.

Cake à la banane et aux spéculoos

Émiettez 80 g de spéculoos et ajoutez-les au même moment que les myrtilles.

Cake aux pépites de chocolat

Versez 100 g de pépites de chocolat et enlevez les myrtilles.

Cake à la banane et aux framboises

Remplacez les myrtilles par des framboises.

Cake aux poires

Remplacez les raisins secs
par 2 poires coupées en dés.

Cake à l'orange
et aux raisins secs

Ajoutez le zeste et 2 c. à s. de
jus d'une orange au moment
d'ajouter les raisins secs.

Cake aux pépites
de chocolat

Ajoutez 60 g de pépites
de chocolat en même temps
que les raisins secs.

Cake aux fruits confits

Remplacez la moitié des raisins
secs par un mélange de fruits
confits.

CAKE AUX RAISINS SECS

Préparation : 15 min • Cuisson : 1 h 20 • Pour 6 à 8 personnes

*125 g de beurre à température ambiante • 125 g de sucre en poudre
• essence d'amande amère • 2 œufs • 200 g de farine • ½ c. à c. de levure
chimique • 80 ml de lait • 200 g de raisins secs*

● Préchauffez le four à 150 °C.

● Fouettez le beurre et le sucre ensemble dans un saladier jusqu'à
l'obtention d'une consistance crémeuse. Ajoutez 2 ou 3 gouttes
d'essence d'amande amère.

● Ajoutez les œufs un par un, en battant bien à chaque fois.

● Tamisez la farine avec la levure dans un saladier puis ajoutez-la
petit à petit à la préparation précédente, en alternant avec le lait.

● Mélangez jusqu'à l'obtention d'une consistance homogène,
puis ajoutez les raisins secs.

● Versez la pâte dans un moule à cake beurré et faites cuire au four
pendant 1 h 20, ou jusqu'à ce que la pointe d'un couteau ressorte
sèche quand on la plante dans le cake.

● Démoulez le cake et laissez-le refroidir sur une grille avant
de servir.

Chai masala au gingembre

Ajoutez 1 c. à c. de gingembre
en poudre.

Yaourt au chai masala

Remplacez le lait par du yaourt
de soja. Laissez refroidir le thé
et mélangez avec le yaourt.
Répartissez dans quelques pots
et réservez au frais avant
de servir.

Chai masala au chocolat

Ajoutez 1 c. à s. de cacao
en poudre.

Cake au chai masala

Fouettez 2 œufs avec 100 g
de sucre et 100 g de beurre
fondu. Ajoutez 100 g de farine,
bien mélanger le tout. Ajoutez
2 c. à s. de thé chai masala.
Enfournez pour 20 min à 180°C.

Préparation : 10 min • Cuisson : 10 min • Infusion : 10 min
• Pour 6 personnes

1 c. à c. de capsules de cardamome • ½ c. à c. de grains de poivre noir
• ½ c. à c. de clous de girofle • 3 bâtons de cannelle • 2 c. à s. de sucre
en poudre • 2 c. à s. de feuilles de thé noir • 720 ml de lait de soja • sucre
à la cannelle, pour servir

- Placez les capsules de cardamome, les grains de poivre noir,
les clous de girofle et les bâtons de cannelle dans un sac plastique
alimentaire. Battez-les avec un rouleau à pâtisserie jusqu'à ce
qu'ils soient grossièrement concassés.

- Mettez les épices écrasées, le sucre et 1 l d'eau dans une casserole
à feu vif et portez à ébullition.

- Réduisez le feu et poursuivez la cuisson pendant 5 min.

- Ôtez la casserole du feu, ajoutez les feuilles de thé et laissez
infuser pendant 10 min.

- Ajoutez le lait de soja et mélangez à feu doux pendant 2 min,
jusqu'à ce que le chai soit bien chaud.

- Filtrez le mélange dans une fine passoire et servez le chai
saupoudré de sucre à la cannelle.

Cheesecake au citron vert et à la noix de coco

Remplacez le citron jaune par du citron vert et ajoutez 60 g de noix de coco râpée.

Cheesecake au chocolat

Supprimez le citron dans la pâte et la garniture, puis faites fondre 150 g de chocolat pâtissier au bain-marie. Versez-le dans la préparation au fromage.

Cheesecake à la vanille et aux spéculoos

Remplacez la pâte par 200 g de spéculoos mélangés avec 90 g de beurre. Supprimez le citron et ajoutez 1 c. à c. d'extrait de vanille liquide.

Sauce aux fruits rouges

Mixez 300 g de fruits rouges avec ½ c. à c. de citron et 50 g de sucre glace, puis versez sur une part de cheesecake.

CHEESECAKE AU CITRON

Préparation : 20 min • Repos : 40 min • Cuisson : 1 h 05 • Pour 8 personnes

Pour la pâte : 200 g de farine • 1 sachet de levure chimique • 90 g de beurre à température ambiante • 50 g de sucre en poudre • 60 ml de jus de citron

Pour la garniture : 750 g de Philadelphia® • 125 g de sucre en poudre • le zeste de 1 citron et 1 c. à s. de jus • 16 cl de crème fraîche • 30 g de farine • noix muscade râpée • sucre glace

- Préchauffez le four à 180 °C.

- Mettez la farine dans un grand saladier avec la levure, amalgamez le beurre en parcelles du bout des doigts, jusqu'à l'obtention d'une pâte grumeleuse. Ajoutez alors le sucre.

- Versez du jus de citron au fur et à mesure, de manière à former une pâte malléable. Enveloppez-la dans du film alimentaire et laissez reposer pendant 30 min.

- Étalez la pâte à l'aide d'un rouleau à pâtisserie entre deux feuilles de papier sulfurisé, puis garnissez-en un moule beurré de 23 cm de diamètre. Laissez reposer au réfrigérateur pendant 10 min.

- Faites cuire la pâte à blanc pendant 10 min, puis laissez refroidir.

- Fouettez vigoureusement le Philadelphia® et le sucre ensemble dans un saladier. Ajoutez les œufs un par un, en mélangeant bien après chacun. Ajoutez ensuite le zeste et le jus de citron, la crème fraîche et la farine, puis mélangez jusqu'à l'obtention d'une préparation lisse.

- Versez cette préparation dans le moule et faites cuire au four de 50 à 55 min. Laissez refroidir complètement avant de servir le cheesecake saupoudré de noix muscade râpée et de sucre glace.

CHOCOLAT CHAUD AU CARAMEL

Préparation : 10 min • Cuisson : 5 min • Pour 4 personnes

500 ml de lait • 250 ml de crème liquide • 50 ml de caramel liquide
• 60 g de chocolat noir (un peu +, pour servir) • crème fouettée

- Mettez le lait et la crème dans une casserole à feu moyen et portez à frémissement.

- Retirez la casserole du feu et ajoutez le caramel et le chocolat cassé en petits morceaux.

- Fouettez jusqu'à ce que le chocolat ait fondu et que la préparation ait une texture homogène.

- Versez le chocolat chaud dans des tasses et garnissez-les d'un peu de crème fouettée et de copeaux de chocolat râpé.

Chocolat chaud aux Carambars®

Remplacez le caramel liquide par 60 g de Carambars® que vous ferez fondre à feu doux avec le chocolat.

Caramel au four à micro-ondes

Faites fondre 150 g de sucre semoule avec 2 c. à s. d'eau et quelques gouttes de jus de citron dans un récipient en verre pendant 3 min à 850 watt. Puis remettez à fondre pendant 1 min à 650 watt.

Chocolat chaud à la cannelle

Remplacez le caramel liquide par 1 c. à s. de cannelle en poudre.

Chocolat chaud au café

Remplacez le caramel liquide par du café expresso.

Cidre aux fruits rouges

Ajoutez 250 ml de coulis de framboises et quelques fruits rouges congelés (myrtilles, fraises, mûres) dans 1 l de cidre. Ajoutez 1 bâton de cannelle et portez à ébullition.

Cocktail de cidre à l'orange

Mélangez 500 ml de cidre doux avec 500 ml de jus d'orange. Au moment de servir, versez le cocktail dans le verre et déposez une boule de glace à l'orange sur le dessus.

Cocktail de cidre aux cerises

Mixez 200 g de cerises dénoyautées avec 100 g de sucre en poudre. Dans chaque verre, versez le coulis à la cerise et remplissez de cidre brut. Servez très frais.

Cocktail non alcoolisé

Remplacez le cidre par du jus de pomme.

CIDRE AUX ÉPICES

Préparation : 10 min • Infusion : 10 min • Cuisson : 5 min • Pour 5 personnes

4 sachets de thé au gingembre • 1 l de cidre • 50 ml de rhum brun • 1 c. à s. de sucre roux • 1 orange • 5 clous de girofle • 2 bâtons de cannelle • 2 capsules de cardamome

● Faites infuser les 4 sachets de thé dans 250 ml d'eau bouillante pendant 10 min.

● Mélangez le thé au gingembre, le cidre, le rhum et le sucre dans une casserole à feu doux. Remuez jusqu'à ce que le sucre se dissolve.

● Coupez l'orange en fins quartiers. Placez les épices dans un sac plastique alimentaire et concassez-les grossièrement à l'aide d'un rouleau à pâtisserie.

● Ajoutez tous les ingrédients dans la casserole et portez doucement à ébullition. Baissez ensuite le feu et servez.

CLAFOUTIS AUX FRAMBOISES

CLAFOUTIS AUX FRAMBOISES

Préparation : 10 min • Cuisson : 12 min • Pour 6 personnes

120 g de poudre d'amandes • 150 g de sucre en poudre • 30 g de fécule de maïs • 4 œufs + 2 jaunes • 60 ml de crème liquide • 60 g de beurre fondu • 125 g de framboises • 2 c. à s. d'amandes effilées • sel

● Préchauffez le four à 180 °C.

● Mélangez la poudre d'amandes, le sucre, la fécule de maïs et 1 pincée de sel dans un grand saladier.

● Fouettez les œufs et les jaunes dans un saladier. Ajoutez la crème et le beurre petit à petit sans cesser de fouetter.

● Versez délicatement cette préparation dans le mélange poudre d'amandes-sucre et mélangez.

● Répartissez la pâte dans 6 ramequins individuels beurrés, puis ajoutez-y les framboises, en les enfonçant légèrement dans la pâte.

● Faites cuire les clafoutis de 10 à 15 min, jusqu'à ce qu'ils soient dorés et juste pris à cœur.

● Laissez refroidir, puis parsemez d'amandes effilées avant de servir chaud ou à température ambiante.

Clafoutis aux fraises

Remplacez la même quantité de framboises par des fraises.

Clafoutis aux abricots et aux noisettes

Parfumez la pâte en ajoutant 60 g de noisettes en poudre. Remplacez la même quantité de framboises par des abricots que vous couperez en quartiers.

Clafoutis aux cerises

Remplacez les framboises par des cerises dénoyautées.

Clafoutis au chocolat blanc

Faites fondre 150 g de chocolat blanc au bain-marie et versez-le dans la préparation en même temps que la crème.

CLAFOUTIS AUX POMMES ET AU MIEL

Préparation : 10 min • Cuisson : 20 à 25 min • Pour 6 personnes

2 pommes golden • 2 œufs • 250 ml de lait demi-écrémé • 3 c. à s. de fromage blanc • 2 c. à s. de miel • 2 c. à s. de farine

- Préchauffez le four à 200° C.

- Épluchez les pommes et épépinez-les. Coupez-les grossièrement en cubes.

- Battez les œufs en omelette dans un saladier, puis ajoutez le lait, le fromage blanc et le miel.

- Versez ensuite la farine et fouettez jusqu'à obtention d'une pâte fluide et homogène.

- Versez la préparation dans un moule beurré. Ajoutez les cubes de pommes et faites cuire au four de 20 à 25 min, jusqu'à ce que le clafoutis soit bien doré.

- Dégustez tiède ou froid.

Cocktail Piña Colada sans alcool

Mixez 2 rondelles d'ananas en boîte et ajoutez 300 ml de jus d'ananas et 150 ml de lait de coco sucré. Versez quelques glaçons et continuez de mixez encore 2 min. Servez aussitôt.

Cocktail de fruits d'été

Pelez et coupez 2 nectarines, 1 banane, 10 fraises et 50 g de framboises. Mixez le tout avec 50 g de sucre roux, puis réservez au frais.

Cocktail de fruits d'hiver

Pelez et coupez 2 pommes, 2 poires et 1 banane. Mixez le tout et ajoutez 100 ml de jus d'orange. Réservez au frais.

Cocktail de fraises et de menthe

Mixez 250 g de fraises équeutées avec le jus de 1 orange et de 1 citron vert. Ajoutez quelques feuilles de menthe et 2 verres d'eau froide, mixez puis servez aussitôt.

COCKTAIL DE FRUITS

Préparation : 10 min • Pour 4 personnes

1 l de jus de mangue • 1 l de jus d'orange • 1 c. à s. de jus de citron vert • ½ mangue • grenadine

- Mélangez le jus de mangue, le jus d'orange et le jus de citron vert. Réservez au frais.

- Coupez la demi-mangue en fines tranches. Réservez.

- Au moment de servir, déposez un peu de grenadine au fond d'un verre puis versez le cocktail mangue-orange, dessus.

- Servez aussitôt avec une tranche de mangue fraîche sur le dessus du verre.

COMPOTE DE POMMES ET DE POIRES À L'INDIENNE

Préparation : 20 min • Cuisson : 20 min • Pour 4 personnes

2 pommes • 2 poires • 50 g de sucre en poudre • 1 c. à c. de cardamome • 1 c. à c. de graines d'anis • 1 c. à c. de cannelle moulue • 1 c. à c. de racine de gingembre râpées • 4 c. à s. de flocons d'avoine

- Épluchez les pommes et les poires et épépinez-les. Coupez-les grossièrement en morceaux.

- Faites compoter les fruits dans une casserole à feu moyen avec 2 verres d'eau, le sucre, la cardamome, l'anis, la cannelle, et le gingembre haché, en remuant de temps en temps.

- Lorsque les fruits sont cuits, écrasez-les manuellement ou mixez-les, selon votre préférence.

- Versez la compote dans 4 ramequins et laissez refroidir légèrement. Saupoudrez de flocons d'avoine et servez tiède ou froid.

COOKIES À L'AVOINE ET AU MIEL

Préparation : 15 min • Cuisson : 20 min • Pour 36 cookies

100 g de flocons d'avoine • 125 g de farine • 100 g de noix de coco en poudre • 150 g de sucre roux • 125 g de beurre • 1 c. à s. de miel • 1 c. à c. de bicarbonate de soude

- Préchauffez le four à 150 °C.

- Mélangez les flocons d'avoine, la farine, la noix de coco en poudre et le sucre dans un saladier.

- Faites fondre le beurre avec le miel dans une casserole de 2 à 3 min.

- Mélangez le bicarbonate de soude avec 2 c. à s. d'eau bouillante dans un bol, puis ajoutez-le au mélange beurre-miel.

- Versez ensuite la préparation ainsi obtenue dans le saladier et mélangez bien.

- Prélevez des cuillerées de pâte, formez-les en boule dans la paume de vos mains, puis écrasez-les légèrement. Disposez-les sur une plaque à four garnie de papier sulfurisé en les espaçant de 4 cm.

- Faites cuire les cookies au four de 15 à 20 min. Laissez les cookies refroidir dans une assiette avant de servir.

COOKIES AU CHOCOLAT

Préparation : 15 min • Cuisson : 12 min • Pour 30 cookies

250 g de farine • 60 g de poudre de cacao • 1 c. à c. de bicarbonate de soude • 250 g de beurre à température ambiante • 150 g de sucre roux • 1 c. à c. d'extrait de vanille liquide • 2 œufs • 200 g de chocolat noir • 125 g de noix de macadamia

● Préchauffez le four à 180 °C.

● Tamisez la farine, la poudre de cacao et le bicarbonate de soude dans un saladier.

● Fouettez le beurre, le sucre et l'extrait de vanille ensemble dans un grand saladier, jusqu'à l'obtention d'une préparation légère et mousseuse.

● Ajoutez les œufs un par un, en fouettant bien après chaque ajout.

● Versez ensuite la farine dans le mélange, ainsi que le chocolat coupé en petits morceaux et les noix de macadamia concassées.

● Déposez des petits tas de pâte sur une plaque à four garnie de papier sulfurisé, à 4 cm d'écart les uns des autres.

● Faites cuire les cookies au four de 10 à 12 min, jusqu'à ce qu'ils soient dorés. Laissez-les refroidir sur une assiette avant de servir.

CRÊPES AU YAOURT, AU MIEL ET AUX FRAISES

Préparation : 10 min • Cuisson : 5 min • Pour 4 personnes

8 crêpes • 375 g de yaourt à la grecque • 2 c. à s. de miel + un peu pour servir • ½ c. à c. de cannelle moulue • 500 g de fraises • 2 c. à s. d'amandes effilées • 25 g de beurre • sucre glace

- Faites réchauffer les crêpes pendant quelques minutes au four à micro-ondes.

- Versez le yaourt, le miel et la cannelle dans un bol et mélangez.

- Lavez les fraises, puis équeutez-les et coupez-les en deux. Faites griller les amandes à sec dans une poêle, réservez.

- Faites fondre le beurre dans une poêle à feu moyen. Ajoutez les fraises et faites-les revenir pendant 4 min.

- Déposez les crêpes sur des assiettes de service, répartissez-y la préparation aux fraises, puis celle au yaourt.

- Pliez les crêpes en deux, versez 1 filet de miel par-dessus, parsemez d'amandes effilées et saupoudrez de sucre glace.

Crêpes à la noix de coco et aux framboises

Remplacez la cannelle par 50 g de noix de coco et les fraises par des framboises.

Crêpes au chocolat

Faites fondre 100 g de chocolat avec 15 cl de crème fraîche et versez la sauce chocolat sur le dessus des crêpes.

Gâteaux de crêpes

Placez une crêpe sur un plan de travail, déposez un peu de la préparation aux fraises et au yaourt. Placez une crêpe par dessus, puis réitérer l'opération jusqu'à épuisement de la garniture.

Maki de crêpes

Déposez la garniture aux fraises et au yaourt sur la crêpe, puis roulez-la sur elle-même. Coupez des tronçons de crêpes puis servez comme des makis, avec un peu de sauce au chocolat.

CRUMBLE AUX POMMES ET AUX FRUITS ROUGES

Préparation : 10 min • Cuisson : 30 min • Pour 6 personnes

400 g de pommes • 250 ml de crème anglaise + un peu pour servir • 300 g de fruits rouges • 100 g de farine • 100 g de beurre à température ambiante • 30 g de noix de coco en poudre • 60 g de sucre roux • 30 g de noix de macadamia • sucre glace

- Préchauffez le four à 180 °C.

- Épluchez les pommes et coupez-les en dés.

- Répartissez la crème anglaise dans 6 ramequins allant au four. Ajoutez ensuite les dés de pommes et les fruits rouges.

- Tamisez la farine dans un saladier. Ajoutez le beurre en parcelles et malaxez du bout des doigts jusqu'à l'obtention d'une préparation grumeleuse.

- Versez la noix de coco, le sucre et les noix de macadamia hachées dans le saladier et mélangez bien.

- Répartissez la pâte dans les ramequins, puis faites cuire les crumbles au four de 25 à 30 min, jusqu'à ce qu'ils soient dorés et croustillants.

- Saupoudrez légèrement de sucre glace et servez les crumbles accompagnés de crème anglaise.

CRUMBLE DE BISCUITS AUX POMMES ET AUX POIRES

Préparation : 20 min • Cuisson : 35 min • Pour 6 personnes

3 pommes vertes • 3 pommes rouges • 3 poires • 100 g de sucre en poudre • 10 biscuits à l'avoine • 50 g de beurre • glace à la vanille, pour servir

- Préchauffez le four à 180 °C.

- Épluchez les pommes et les poires, ôtez-en les parties dures du milieu et coupez-les en fins quartiers.

- Mettez les fruits, 250 ml d'eau et le sucre dans une casserole, puis portez le tout à ébullition à feu vif.

- Réduisez ensuite la cuisson et laissez frémir pendant 10 min, en mélangeant de temps en temps.

- Placez les fruits dans un plat à gratin et parsemez-les avec les biscuits cassés en petits morceaux.

- Ajoutez des noix de beurre par-dessus et faites cuire le crumble au four de 15 à 20 min, jusqu'à ce que les biscuits soient croustillants.

- Servez le crumble accompagné de glace à la vanille.

Glace à la vanille maison

Portez à ébullition 1 l de lait demi-écrémé avec 1 c. à c. d'arôme vanille. Battez 4 jaunes d'œufs avec 100 g de sucre et 10 g de Maïzena®. Versez le mélange liquide par-dessus puis remettez sur feu doux jusqu'à ce que le mélange épaississe. Ajoutez 200 ml de crème liquide et placez au congélateur.

Crumble aux cookies aux pépites de chocolat

Remplacez les biscuits à l'avoine par des cookies aux pépites de chocolat.

Crumble aux pommes et à la mangue

Remplacez les poires par 1 mangue coupée en dés.

Crumble au Bounty®

Ajoutez 100 g de morceaux de Bounty® dans les fruits.

FLAN AU LAIT ET AUX MYRTILLES

Préparation : 30 min • Cuisson : 1 h • Pour 8 personnes

4 gros œufs • 125 g de sucre en poudre • 30 g de beurre fondu • 210 g de farine • 1 sachet de levure chimique • 1 l de lait • 50 g de myrtilles • sucre à la cannelle (facultatif) • sel

- Cassez les œufs et séparez les blancs des jaunes. Battez les jaunes d'œufs et le sucre ensemble dans un saladier. Ajoutez le beurre fondu.

- Tamisez la farine avec la levure, puis ajoutez-les dans le mélange œuf-sucre. Mélangez bien.

- Ajoutez ensuite le lait au fur et à mesure.

- Battez les blancs en neige ferme avec 1 pincée de sel. Incorporez-les délicatement à la préparation précédente, puis versez la pâte dans un moule à tarte beurré.

- Faites cuire au four pendant 1 h, ou jusqu'à ce que le flan ait une consistance ferme.

- Saupoudrez éventuellement le flan de sucre à la cannelle et parsemez-le de myrtilles avant de servir.

GÂTEAU AU CHOCOLAT ET AUX FRUITS SECS

Préparation : 10 min • Cuisson : 55 min • Pour 6 personnes

130 g de dates • 40 g de noix + un peu pour décorer • 130 g de farine à levure incorporée • 25 g de cacao en poudre • ½ c. à s. de bicarbonate de soude • 50 g de sucre roux • 1 gros œuf • 80 ml d'huile de colza (ou, à défaut, de tournesol) • 80 ml de miel liquide • 120 ml de lait

- Préchauffez le four à 180 °C.

- Hachez les dates et concassez grossièrement les noix.

- Tamisez la farine, le cacao et le bicarbonate de soude dans un saladier. Incorporez le sucre, les dates et les noix.

- Battez l'œuf, l'huile, le miel et le lait ensemble dans un saladier.

- Formez un puits dans la préparation à la farine, puis versez-y le mélange précédent. Mélangez à l'aide d'une cuillère en bois.

- Versez la pâte dans un moule à cake beurré de 12 × 22 cm et parsemez de noix concassées.

- Faites cuire au four de 50 à 55 min, jusqu'à ce que la pointe d'un couteau ressorte sèche quand on la plante dans le gâteau.

- Démoulez le gâteau et laissez-le refroidir avant de servir.

Gâteau aux fruits secs

Ajoutez 80 g d'abricots et de figues séchées.

Gâteau aux raisins secs

Remplacez les dattes par des raisins secs.

Gâteau à la banane et aux noix

Remplacez les dattes par 2 bananes écrasées.

Gâteau aux amandes

Remplacez la même quantité de noix par des amandes entières concassées.

Gâteau au Nutella® et aux noisettes

Supprimez le chocolat noir et remplacez-le par 6 c. à s. généreuse de Nutella®.

Gâteau à l'orange

Ajoutez le zeste et le jus de 1 orange dans la préparation.

Gâteau au chocolat et à la noix de coco

Remplacez la même quantité de noisettes par de la noix de coco en poudre.

Gâteau aux poires

Ajoutez 2 poires coupées en tranches fines dans la préparation.

GÂTEAU AU CHOCOLAT ET AUX NOISETTES

Préparation : 15 min • Cuisson : 35 min • Pour 6 personnes

85 g de noisettes • 85 g de chocolat noir • 85 g de beurre en parcelles • 3 œufs • 85 g de sucre roux • crème fraîche, pour servir • sel

- Préchauffez le four à 150 °C.

- Faites griller les noisettes à sec dans une poêle jusqu'à ce que la peau se fendille. Frottez-les dans un torchon afin d'enlever la peau qui les recouvre.

- Une fois refroidies, pilez les noisettes dans un mortier (ou à défaut, hachez-les finement).

- Faites fondre le chocolat en morceaux et le beurre au bain-marie. Remuez jusqu'à l'obtention d'une consistance lisse.

- Séparez les blancs des jaunes.

- Fouettez le sucre roux et les jaunes d'œufs dans un saladier pendant 5 min, jusqu'à ce que le mélange devienne mousseux.

- Ajoutez ensuite délicatement le chocolat afin que les jaunes ne cuisent pas, puis les noisettes.

- Battez les blancs en neige ferme avec 1 pincée de sel. Incorporez-les délicatement à la préparation précédente.

- Versez la pâte dans un moule beurré de 20 cm de diamètre. Faites cuire au four pendant 35 min.

- Démoulez le gâteau à la sortie du four et laissez-le refroidir sur une grille.

- Servez le gâteau refroidi accompagné de crème fraîche.

Gâteau au yaourt au chocolat

Ajoutez 100 g de chocolat pâtissier concassé en pépites à la préparation.

Gâteau au yaourt au citron

Ajoutez le zeste et le jus de 1 citron jaune dans la préparation.

Gâteau au yaourt aux bananes et à la cannelle

Ajoutez 2 bananes écrasées après avoir versé l'huile ainsi que 1 c. à s. de cannelle en poudre.

Gâteau au yaourt aux pommes

Ajoutez 2 pommes coupées en dés dans la préparation du gâteau.

GÂTEAU AU YAOURT

Préparation : 10 min • Cuisson : 35 min • Pour 6 personnes

1 pot de yaourt • 3 œufs • 2 pots de sucre semoule • ½ pot d'huile • 1 c. à c. d'arôme vanille • 3 pots de farine • 1 sachet de levure chimique

- Préchauffez le four à 180 °C.

- Dans un saladier, fouettez les œufs avec le yaourt.

- Ajoutez le sucre, mélangez.

- Versez le pot d'huile en filet et l'arôme vanille tout en remuant.

- Tamisez la farine et la levure dans un bol puis incorporez-les dans le saladier.

- Beurrez et farinez un plat, versez la préparation et enfournez pour 35 min jusqu'à ce que la pointe du couteau ressorte sèche.

GÂTEAU AUX ABRICOTS ET AUX CÉRÉALES

Préparation : 10 min • Cuisson : 25 min • Pour 6 à 8 personnes

125 g de beurre fondu • 1 œuf • 1 c. à s. de miel • 150 g de farine à levure incorporée • 175 g d'abricots secs • 30 g de noix de coco râpée • 100 g de sucre roux • 25 g de corn flakes

- Préchauffez le four à 180 °C.

- Fouettez le beurre, l'œuf et le miel ensemble dans un petit saladier.

- Tamisez la farine dans un grand saladier. Ajoutez les abricots secs hachés, la noix de coco et le sucre, et mélangez.

- Versez le mélange beurre-œuf dans le saladier et mélangez bien.

- Versez la préparation dans un moule beurré de 18 × 28 cm et parsemez de corn flakes.

- Faites cuire le gâteau au four de 20 à 25 min jusqu'à ce qu'il soit doré. Laissez-le refroidir, puis découpez-le en carrés avant de servir.

Marbré au chocolat et au café

Ajoutez 1 pointe d'extrait de café dans la pâte au chocolat.

Marbré à la pistache et au chocolat

Remplacez l'arôme vanille par de l'arôme pistache et ajoutez un peu de colorant vert.

Marbré au beurre de cacahuètes et au chocolat

Ajoutez 2 c. à s. de beurre de cacahuètes dans la partie vanillée.

Marbré à la vanille et aux figues

Remplacez le cacao en poudre par 2 c. à s. de confiture de figues.

GÂTEAU MARBRÉ

Préparation : 15 min • Cuisson : 30 min • Pour 6 personnes

100 g de beurre salé • 100 g de sucre en poudre • 2 œufs • 50 ml de lait • 200 g de farine • ½ sachet de levure chimique • ½ sachet de sucre vanillé • 1 c. à s. de cacao en poudre • sel

● Préchauffez le four à 210 °C.

● Mélangez le beurre et le sucre dans un saladier jusqu'à ce que le mélange devienne mousseux et blanchisse.

● Cassez les œufs en séparant les blancs des jaunes. Incorporez les jaunes au mélange beurre-sucre, puis ajoutez peu à peu le lait sans cesser de remuer.

● Tamisez la farine et la levure dans un grand bol, puis incorporez-les dans la pâte.

● Répartissez la pâte dans deux saladiers. Versez le sucre vanillé dans le premier et incorporez le cacao dans le second.

● Ajoutez 1 pincée de sel dans les blancs d'œufs et battez-les en neige très ferme. Répartissez-les dans chacun des saladiers en vous aidant d'une spatule pour bien enrober la pâte et ne pas les casser.

● Versez alternativement une couche de pâte à la vanille et une couche de pâte au chocolat dans un moule à cake beurré.

● Faites cuire le gâteau au four pendant 10 min, puis baissez le four à 180 °C et poursuivez la cuisson pendant 20 min.

● Démoulez le gâteau et laissez-le refroidir sur une grille avant de le servir.

Génoise à la noix de coco

Remplacez la cannelle par 40 g de noix de coco râpée.

Génoise fourrée aux spéculoos

Coupez la génoise en deux, tartinez généreusement la génoise du dessous de pâte de spéculoos puis recouvrez de l'autre disque de génoise.

Génoise au chocolat

Ajoutez 3 c. à s. de cacao dans la pâte à génoise.

Génoise fourrée à la fraise

Coupez la génoise en deux et tartinez la partie du dessous de confiture de fraises, recouvrez de l'autre disque de génoise, puis déposez quelques fraises sur le dessus avant de servir.

GÉNOISE À LA CANNELLE

Préparation : 10 min • Cuisson : 30 min • Pour 6 personnes

60 g de beurre + 10 g pour servir • 75 g de sucre en poudre + 1 c. à s. pour saupoudrer • 1 œuf • 1 c. à s. d'extrait de vanille liquide • 125 g de farine à levure incorporée • 80 ml de lait • ½ c. à c. de cannelle moulue

- Préchauffez le four à 180 °C.

- Fouettez le beurre avec le sucre dans un saladier, jusqu'à ce que le mélange devienne pâle et onctueux.

- Ajoutez ensuite l'œuf et l'extrait de vanille.

- Versez la farine au fur et à mesure, en alternant avec le lait sans cesser de mélanger.

- Quand le mélange est homogène, versez-le dans un moule beurré de 18 cm de diamètre.

- Faites cuire au four de 25 à 30 min. Une fois cuit, démoulez le gâteau et placez-le sur une grille

- Faites fondre les 10 g de beurre restants et badigeonnez-en le gâteau, puis saupoudrez de sucre en poudre et de cannelle moulue. Servez chaud.

Granité au basilic

Ajoutez 1 c. à s. de basilic haché dans le granité.

Granité à la pastèque

Ajoutez 500 g de chair de pastèque.

Granité de framboises et groseilles

Remplacez la même quantité de melon par 300 g de framboises et 200 g de groseilles.

Granité sans alcool

Remplacez le gin par de l'eau.

Préparation : 20 min • Repos : 24 h • Cuisson : 5 min • Pour 4 personnes

500 g de chair de melon • 100 ml de gin • 100 ml de jus de citron + quelques zestes, pour servir

Pour le sirop de sucre : *70 g de sucre en poudre • le zeste de ½ citron*

- Coupez grossièrement la chair du melon en morceaux, puis placez-les dans un récipient en plastique et mettez-les au congélateur pendant 24 h.

- Préparez le sirop de sucre. Faites chauffer le sucre avec 70 ml d'eau dans une casserole à feu moyen.

- Mélangez jusqu'à ce que le sucre se dissolve, portez à ébullition, puis retirez la casserole du feu.

- Ajoutez le zeste de citron dans le sirop et laissez infuser au réfrigérateur pendant 24 h.

- Le lendemain, mixez le gin, le jus de citron, le sirop filtré et le melon en deux fois à l'aide d'un blender.

- Versez la préparation dans 4 verres réfrigérés et servez aussitôt, parsemé de zeste de citron.

Smoothie à la noix de coco

Ajoutez un peu de lait de coco dans la préparation.

Smoothie à la banane et au kiwi

Ajoutez 1 banane au smoothie et retirez les feuilles d'épinard.

Smoothie à la pêche et aux fraises

Mixez 125 g de yaourt avec 350 ml de lait demi-écrémé, 1 pêche et 125 g de fraises.

Smoothie aux abricots et aux framboises

Mixez 1 yaourt velouté nature avec 350 ml de lait demi-écrémé, 100 g d'abricots et 125 g de framboises.

GREEN SMOOTHIE

Préparation : 5 min • Pour 2 personnes

1 kiwi • 2 poignées de feuilles d'épinards • 1 avocat bien mûr • 2 rondelles d'ananas • Le jus de 2 citrons verts

- Épluchez et coupez le kiwi en morceaux, placez-les dans le blender.

- Ajoutez les feuilles d'épinard, la chair de l'avocat, les rondelles d'ananas et le jus des 2 citrons vert.

- Mixez le tout et versez un peu d'eau afin qu'il soit moins épais.

Lassi au yaourt

Si vous ne trouvez pas de kéfir, remplacez-le par 1 yaourt brassé et ½ verre de lait.

Lassi à l'eau de rose

Remplacez la mangue, les fruits de la Passion et le citron par 30 ml d'eau de rose.

Lassi à la menthe

Lavez et effeuillez ½ botte de menthe fraiche. Mixez le yaourt avec la menthe et le sucre.

Lassi à la pistache

Mixez le yaourt avec une bonne poignée de pistaches non salée.

LASSI À LA MANGUE ET AUX FRUITS DE LA PASSION

Préparation : 10 min • Pour 2 personnes

1 mangue • 2 à 3 c. à s. de sucre roux • 3 à 4 c. à s. de jus de citron vert • 500 g de kéfir • 2 fruits de la Passion • le zeste de 1 citron vert bio

● Pelez la mangue, ôtez-en le noyau et coupez-la en dés.

● Mixez les dés de mangue avec le sucre roux, le jus de citron vert et le kéfir.

● Coupez les fruits de la Passion en deux, prélevez-en la pulpe à l'aide d'une cuillère.

● Ajoutez la pulpe des fruits de la Passion et le zeste de citron à la préparation à la mangue.

● Versez le lassi dans deux verres et servez avec des glaçons si vous le désirez.

Milk-shake à la pulpe de fruits

Avant de servir, déposez des cuillerées de pulpe de fruits de la Passion sur chaque verre.

Milk-shake au chocolat

Mixez 3 boules de glace chocolat avec 300 ml de lait et 50 ml de crème liquide.

Milk-shake aux Oreos®

Mixez 4 boules de glace vanille avec 6 biscuits Oreos® et 400 ml de lait. Servez aussitôt.

Milk-shake à la banane et aux fraises

Mixez 3 boules de glace vanille avec 1 grosse banane, 15 fraises, 200 ml de lait et 1 sachet de sucre vanillé. Servez aussitôt.

MILK-SHAKE EXPRESS AUX FRUITS DE LA PASSION

Préparation : 5 min • Pour 3 personnes

6 boules de glace à la vanille • jus de fruits de la Passion

● Déposez 2 boules de glace dans 3 grands verres. Versez du jus de la Passion aux trois quarts de chaque verre.

● Quand le mélange commence à mousser, versez de nouveau du jus de fruits de la Passion dans les verres pour les remplir et servez.

MOUSSE À LA NOISETTE ET AUX COPEAUX DE CHOCOLAT

Préparation : 30 min • Cuisson : 50 min • Repos : 30 min • Pour 4 personnes

80 g de noisettes • 150 ml de crème liquide • 2 jaunes d'œufs • ½ feuille de gélatine • 70 g de sucre en poudre • 100 g de chocolat noir • 30 g de céréales au miel

- Préchauffez le four à 120 °C. Disposez les noisettes sur une plaque à four et faites-les cuire de 15 à 20 min, en remuant de temps en temps, jusqu'à ce qu'elles soient dorées.

- Laissez-les refroidir légèrement puis frottez-les dans un torchon propre afin d'en ôter la peau. Mixez-les finement, puis passez-les à travers un tamis afin d'obtenir une pâte.

- Fouettez vigoureusement la pâte de noisettes avec la crème liquide dans un saladier (à l'aide d'un batteur électrique de préférence). Réservez la crème au réfrigérateur.

- Fouettez les jaunes d'œufs de 5 à 7 min dans un saladier, jusqu'à ce qu'ils blanchissent et deviennent mousseux.

- Placez la feuille de gélatine dans un bol d'eau tiède jusqu'à ce qu'elle ramollisse.

- Mettez le sucre avec 50 ml d'eau dans une casserole à feu moyen. Portez à ébullition et faites cuire de 10 à 12 min, puis retirez la casserole du feu. Ajoutez la feuille de gélatine essorée et mélangez.

- Mixez la préparation aux jaunes d'œufs, et ajoutez le mélange précédent en filet régulier jusqu'à ce que les ingrédients soient bien incorporés. Continuez de mixer de 5 à 7 min. Incorporez délicatement cette préparation à la mousse à la noisette et laissez reposer au réfrigérateur pendant 30 min.

- Au bout de ce temps, alternez des couches de chocolat râpé, de mousse à la noisette et de céréales au miel dans 4 verres et servez.

Mousse aux spéculoos

Remplacez la pâte de noisettes par 100 g de pâte de spéculoos.

Tiramisu aux noisettes

Déposez une couche de mousse à la noisette puis une couche de biscuits à la cuillère et recouvrez d'une couche de mousse à la noisette. Réitérez l'opération jusqu'à épuisement de la mousse.

Mousse à la pâte à tartiner Banania®

Remplacez la pâte de noisettes par 100 g de pâte Banania®.

Verrine de mousse et de cookies

Au fond de chaque verrine déposez 1 cookie émietté puis recouvrez avec de la mousse à la noisette.

Mousse au chocolat au citron

Ajoutez le zeste de 1 citron à la mousse avant d'incorporer les blancs en neige. Vous pouvez utiliser du zeste de bergamote.

Mousse au chocolat et aux noisettes

Concassez des noisettes et faites-les griller à sec dans une poêle de 4 à 5 min, puis incorporez-les à la mousse au chocolat. Vous pouvez utiliser des amandes.

Mousse au chocolat et à l'orange

Ajoutez le zeste de 1 orange à la mousse au même moment que le chocolat.

Mousse au chocolat et au caramel

Versez du caramel liquide sur le dessus de la mousse avant de servir.

MOUSSE AU CHOCOLAT NOIR

Préparation : 10 min • Cuisson : 4 min • Repos : 1 h • Pour 4 personnes

150 g de chocolat noir • 20 g de beurre • 4 œufs • 20 g de sucre • sel

- Cassez le chocolat en morceaux. Faites fondre le beurre en parcelles et le chocolat dans une casserole à fond épais à tout petit feu, en tournant régulièrement. Le chocolat ne doit jamais attacher. Vous pouvez également le faire fondre au bain-marie ou au four à micro-ondes.

- Lorsque le chocolat est fondu et lisse, retirez-le du feu et laissez-le tiédir.

- Cassez les œufs en séparant les blancs des jaunes. Battez les œufs en neige très fermes avec 1 pincée de sel.

- Lorsque le chocolat a tiédi, ajoutez le sucre et les jaunes d'œufs, puis incorporez délicatement les blancs en soulevant la préparation.

- Répartissez la mousse dans des petits ramequins individuels et placez-les au réfrigérateur pendant au moins 1 h avant de servir.

Muffins aux abricots

Remplacez la nectarine par des abricots.

Muffins au chocolat

Ajoutez 3 c. à s. de cacao dans la pâte à muffins.

Crumble aux spéculoos

Supprimez la noix de coco et ajoutez 30 g de spéculoos concassés.

Muffins à la nectarine et aux myrtilles

Remplacez les mûres par des myrtilles.

MUFFINS
À LA NECTARINE

Préparation : 20 min • Cuisson : 30 min • Pour 12 muffins

200 g de farine à levure incorporée • 100 g de sucre • 100 g de fromage blanc • 125 g de beurre fondu • 1 c. à c. d'extrait de vanille liquide • 1 nectarine • 100 g de mûres

Pour le crumble : 30 g de farine • 50 g de sucre roux • 2 c. à s. de noix de coco râpée • ½ c. à c. de levure chimique • ½ c. à c. de cannelle moulue • 25 g de beurre à température ambiante

- Préchauffez le four à 180 °C.

- Fouettez la farine, le sucre, le fromage blanc, les œufs et l'extrait de vanille ensemble dans un saladier pendant 3 min, jusqu'à l'obtention d'une préparation lisse et homogène.

- Coupez la nectarine en fines tranches.

- Garnissez les 12 cavités d'un moule à muffin beurré de pâte jusqu'à un quart de la hauteur.

- Ajoutez une tranche de nectarine et 1 ou 2 mûres dans chaque alvéole. Ajoutez de la pâte par-dessus, jusqu'au deux tiers de la hauteur.

- Préparez le crumble. Mélangez la farine, le sucre, la noix de coco, la levure et la cannelle dans un saladier.

- Ajoutez le beurre et amalgamez du bout des doigts jusqu'à l'obtention d'une texture grumeleuse. Parsemez-en les muffins.

- Faites cuire au four de 25 à 30 min, jusqu'à ce que la pointe d'un couteau ressorte sèche quand on la plante dans un muffin.

- Laissez-les refroidir sur une grille avant de servir.

Muffins au chocolat et aux cacahuètes

Supprimez le caramel liquide. Ajoutez 100 g de cacahuètes non salées concassées à la préparation.

Muffins aux framboises et au caramel

Remplacez les pépites de chocolat par des framboises.

Muffins aux deux chocolats

Versez 70 g de pépites de chocolat noir et 70 g de pépites de chocolat blanc.

Muffins à la crème de marrons

Remplacez le caramel liquide par de la crème de marrons.

MUFFINS AU CHOCOLAT ET AU CARAMEL

Préparation : 15 min • Cuisson : 25 min • Pour 12 muffins

250 g de farine à levure incorporée • 150 g de sucre roux • 130 g de pépites de chocolat • 240 ml de lait • 125 g de beurre • 2 c. à c. de café instantané • 1 œuf • 1 c. à c. d'extrait de vanille liquide • 120 ml de caramel liquide

- Préchauffez le four à 180 °C.

- Mélangez la farine, le sucre et les pépites de chocolat dans un grand saladier.

- Faites chauffer le lait, le beurre et le café instantané dans une petite casserole à feu moyen, et mélangez jusqu'à ce que le mélange soit homogène. Laissez refroidir hors du feu.

- Ajoutez l'œuf et l'extrait de vanille et fouettez.

- Faites un puits dans le mélange farine-sucre et versez-y la préparation précédente. Mélangez bien, puis ajoutez le caramel et remuez de nouveau.

- Versez la pâte dans un moule à muffins beurré (ou, à défaut, dans des caissettes en papier) et faites cuire au four de 20 à 25 min, jusqu'à ce que la pointe d'un couteau ressorte sèche quand on la plante dans un muffin.

- Laissez refroidir les muffins sur une grille avant de servir.

MUG CAKE AU CHOCOLAT ET AUX CERISES

Préparation : 5 min • Cuisson : 2 min • Pour 1 personne

40 g de chocolat pâtissier • 20 g de beurre • 30 g de sucre semoule • 1 œuf • 1 c. à s. de lait • 20 g de farine de blé • 8 cerises

- Cassez le chocolat en morceaux et mettez-le dans un mug avec le beurre. Faites fondre le tout au four à micro-ondes pendant 45 s.

- Ajoutez le sucre et l'œuf dans la tasse, fouettez-les à l'aide d'une fourchette.

- Versez le lait et la farine.

- Ajoutez les cerises dénoyautées coupées en deux.

- Mélangez bien le tout jusqu'à obtenir une pâte homogène.

- Faites cuire 1 min 30 s au four à micro-ondes à 800 watt.

- Laissez tiédir et dégustez à la petite cuillère.

Mug cake au chocolat et au caramel

Ajoutez 1 c. à s. de caramel liquide à la préparation au chocolat et supprimez les cerises.

Mug cake au chocolat et aux M&M's®

Supprimez les cerises et ajoutez une poignée de M&M's® dans le mug avant de mettre au four à micro-ondes.

Mug cakes comme un cupcake aux cerises et au chocolat

Une fois le mug cake cuit, dressez aussitôt de la chantilly sur le dessus et déposez une cerise sur le dessus.

Mug cake aux Carambars®

Ajoutez 1 Carambar® coupé en deux au centre de la pâte.

Mug cake au chocolat et à l'orange

Ajoutez le zeste et 1 c. à s. du jus de 1 orange.

MUG CAKE AU CITRON

Préparation : 5 min • Cuisson : 2 min • Pour 1 personne

*½ citron • 20 g de beurre • 30 g de sucre semoule • 1 œuf • 2 c. à s.
de lait • 20 g de farine de blé •*

- Prélevez les zestes et le jus du citron, réservez.

- Faites fondre le beurre au four à micro-ondes pendant 45 s.

- Ajoutez le sucre et l'œuf dans la tasse, fouettez-les à l'aide
  d'une fourchette.

- Versez le lait et la farine.

- Versez le jus du demi-citron.

- Mélangez bien le tout jusqu'à obtenir une pâte homogène.

- Faites cuire 1 min 30 s au four à micro-ondes à 800 watt.

- Laissez tiédir et dégustez à la petite cuillère.

Mug cake à la noix de coco et au rhum

Supprimez l'orange et ajoutez 2 c. à s. de noix de coco râpée.

Mug cake à la mangue

Remplacez l'orange par 30 g de mangue coupée en petits dés.

Mug cake à la cannelle

Remplacez le rhum par 1 c. à c. de cannelle.

Mug cake à la mandarine

Remplacez l'orange par de la mandarine.

MUG CAKE AU RHUM ET À L'ORANGE

Préparation : 5 min • Cuisson : 2 min • Pour 1 personne

20 g de beurre • 30 g de sucre semoule • 1 œuf • 1 c. à s. de lait • 20 g de farine de blé • 1 orange • rhum

- Faites fondre le beurre au four à micro-ondes pendant 45 s.

- Ajoutez le sucre et l'œuf dans la tasse, fouettez-les à l'aide d'une fourchette.

- Versez le lait et la farine.

- Prélevez le zeste et 1 c. à s. de jus de 1 orange et versez le tout dans la tasse.

- Ajoutez 1 c. à c. de rhum.

- Mélangez bien le tout jusqu'à obtenir une pâte homogène.

- Faites cuire 1 min 30 s au four à micro-ondes à 800 watt.

- Laissez tiédir et dégustez à la petite cuillère.

Mug cake à la banane et au chocolat

Remplacez le citron par 30 g de pépites de chocolat.

Mug cake au citron et à la framboise

Remplacez la banane par des framboises.

Mug cake à la banane et aux pommes

Ajoutez ½ pomme coupée en dés dans le mug cake.

Mug cake au citron et aux amandes

Ajoutez 1 c. à s. d'amandes en poudre.

MUG CAKES À LA BANANE ET AU CITRON

Préparation : 5 min • Cuisson : 2 min • Pour 1 personne

½ citron • 1 petite banane • 20 g de beurre • 30 g de sucre semoule • 1 œuf • 2 c. à s. de lait • 20 g de farine de blé •

- Prélevez le zeste et le jus du citron, et écrasez la banane, réservez.

- Faites fondre le beurre au four à micro-ondes pendant 45 s.

- Ajoutez le sucre et l'œuf dans la tasse, fouettez-les à l'aide d'une fourchette.

- Versez le lait et la farine.

- Ajoutez la banane écrasée et versez le jus du demi-citron.

- Mélangez bien le tout jusqu'à obtenir une pâte homogène.

- Faites cuire 1 min 30 s au four à micro-ondes à 800 watt.

- Laissez tiédir et dégustez à la petite cuillère.

Brioche perdue

Remplacez le pain par de la brioche.

Pain perdu aux mûres

Remplacez les bananes par des mûres et ajoutez 1 c. à c. d'arôme amande amère dans la préparation aux œufs.

Pain perdu au chocolat

Ajoutez des pépites de chocolat sur le pain encore chaud avec les bananes.

Pain perdu roulé

Utilisez du pain de mie, procédez de la même façon pour la cuisson, déposez les rondelles de bananes puis roulez le pain sur lui-même avant de l'arroser de miel.

Préparation : 10 min • Cuisson : 15 min • Pour 4 personnes

2 œufs • 12 cl de crème fraîche • 2 c. à s. de miel + un peu pour servir • 60 g de beurre • 4 petits pains aux fruits • 2 bananes

- Fouettez les œufs, la crème et le miel ensemble dans un saladier.

- Faites fondre le beurre dans une grande poêle à feu moyen.

- Coupez les petits pains en deux dans la hauteur, puis trempez-les dans la préparation aux œufs.

- Faites revenir les tranches de pain à la poêle de 3 à 4 min sur chaque face, jusqu'à ce qu'ils soient dorés.

- Épluchez les bananes et coupez-les en rondelles.

- Servez les tranches de pain perdu surmontées de rondelles de banane et de 1 filet de miel.

PETITS GÂTEAUX AUX RAISINS SECS

Préparation : 15 min • Cuisson : 15 min • Pour 32 biscuits

225 g de farine à levure incorporée • 150 g de sucre en poudre • 125 g de beurre à température ambiante • 3 œufs • 600 ml de lait • 55 g de raisins secs • sucre glace

- Préchauffez le four à 160 °C.

- Mélangez la farine tamisée, le sucre, le beurre coupé en dés, les œufs légèrement battus et le lait dans un saladier.

- Fouettez la préparation pendant 3 min environ, jusqu'à ce qu'elle prenne une consistance lisse et blanche.

- Ajoutez les raisins secs et mélangez.

- Versez la pâte dans des moules à petits gâteaux beurrés, ou dans des caissettes en papier aux deux tiers de la hauteur.

- Faites cuire les gâteaux au four pendant 15 min, jusqu'à ce qu'ils soient dorés et fermes. Laissez-les refroidir avant de les démouler et saupoudrez-les de sucre glace avant de servir.

Pommes au four
à la cannelle et au miel

Saupoudrez généreusement de cannelle et versez un filet de miel avant d'enfourner.

Poires au four

Remplacez les pommes par des poires.

Pommes au four
au chocolat

Ajoutez quelques pépites de chocolat avec le reste des ingrédients.

Figues rôties

Incisez les figues puis garnissez-les de la même préparation que les pommes.

POMMES AU FOUR

Préparation : 10 min • Cuisson : 1 h • Pour 4 personnes

4 pommes • 50 g de beurre à température ambiante • 35 g de sucre roux • 50 g de raisins secs • 10 ml de cognac • 20 g d'amandes effilées

- Préchauffez le four à 180 °C.

- Évidez les pommes et faites une incision dans la peau de chacune d'elles à un tiers de la hauteur en partant du haut à l'aide d'un couteau bien aiguisé. Cela évitera aux pommes d'éclater pendant la cuisson.

- Beurrez un plat allant au four avec 10 g de beurre et placez-y les pommes.

- Mélangez le reste des ingrédients ensemble et garnissez-en les pommes.

- Faites cuire au four pendant 1 h environ.

Petit déjeuner aux fruits

Ajoutez des corn flakes dans les bols et servez cette salade de fruits au petit déjeuner.

Salade de fruits d'été

Remplacez tout les fruits d'hiver par des pêches, mûres, fraises et abricots.

Tarte aux fruits

Déroulez une pâte feuilletée, tartinez de yaourt le dessus de la pâte puis déposez cette salade de fruit. Enfournez pour 30 min à 180°C.

Smoothie

Préparez un smoothie en mixant tous les ingrédients avec 1 yaourt et 100 ml de lait.

SALADE DE FRUITS D'HIVER

Préparation : 15 min • Cuisson : 5 min • Pour 4 personnes

50 g de sucre en poudre • 60 ml de jus de citron • le zeste de 1 citron • 2 étoiles de badiane • 1 gousse de vanille • 3 poires • 1 mandarine • 8 abricots secs • 125 g de framboises • yaourt, pour servir

● Mélangez 120 ml d'eau, le sucre, le jus de citron, le zeste, les étoiles de badiane et la gousse de vanille fendue en deux et grattée, avec les graines dans une casserole. Mélangez à feu doux jusqu'à ce que le sucre se dissolve.

● Évidez les poires, épluchez-les et coupez-les en fins quartiers. Pelez la mandarine et détachez-en les quartiers.

● Ajoutez les quartiers de poires et de mandarine et les abricots secs dans la casserole, et portez à ébullition.

● Faites cuire à couvert de 4 à 5 min, puis ajoutez les framboises. Retirez alors la casserole du feu et laissez refroidir légèrement.

● Servez les fruits et le sirop dans des bols, avec une cuillerée de yaourt.

SALADE DE FRUITS, ACCOMPAGNEMENT AU YAOURT

Préparation : 15 min • Cuisson : 5 min • Repos : 15 min • Pour 2 personnes

1 c. à s. d'amandes effilées • 1 c. à s. de canneberges séchées • 100 g de yaourt • 125 ml de jus d'orange pressée • ¼ de papaye • 1 carambole • 1 kiwi • ¼ de melon vert • 100 g de framboises • 2 c. à s. de miel

- Faites griller les amandes effilées à sec dans une petite poêle de 2 à 3 min.

- Transférez-les ensuite dans un grand bol et laissez refroidir. Ajoutez les canneberges hachées, le yaourt et 1 c. à s. de jus d'orange et mélangez.

- Couvrez le bol de papier alimentaire et laissez reposer au réfrigérateur pendant 15 min.

- Pendant ce temps, épluchez la papaye et détaillez-la en dés. Lavez la carambole et coupez-la en tranches. Épluchez le kiwi et coupez-le en tranches. Ôtez les graines du melon, prélevez-en la chair et coupez-la en quartiers.

- Mettez tous les fruits frais dans un saladier et versez le reste de jus d'orange par-dessus.

- Servez la salade de fruits dans 2 bols individuels et versez le yaourt aux amandes et le miel par-dessus.

Flocons d'avoines

Ajoutez 30 g de flocons d'avoine dans la salade de fruits.

Yaourt à la vanille

Utilisez un yaourt brassé à la vanille.

Salade à la noix de coco

Remplacez les amandes effilées par 30 g de noix de coco râpée.

Salade aux noix

Ajoutez des cerneaux de noix concassés dans la préparation.

SALADE DE FRUITS ROUGES ET COPEAUX DE CHOCOLAT

Préparation : 10 min • Pour 2 personnes

375 g de petits fruits mélangés (framboises, fraises, groseilles, mûres, myrtilles, etc.) • 1 c. à s. de liqueur de framboise • 40 g de petites meringues • 50 g de chocolat au lait • quelques feuilles de menthe, pour servir

● Rincez les fruits et égouttez-les soigneusement.

● Mettez les fruits dans un saladier avec la liqueur de framboise. Laissez reposer pendant quelques minutes.

● Cassez les meringues en morceaux. Faites des copeaux de chocolat à l'aide d'un économe.

● Ajoutez les morceaux de meringue et les copeaux de chocolat, et servez la salade de fruits immédiatement, décorez de feuilles de menthe.

Meringue express

Montez 2 blancs d'œufs avec 1 pincée de sel, lorsqu'ils commencent à être fermes, versez 2 c. à s. de sucre tout en remuant. Dressez les meringues à l'aide d'une poche à douille et glissez-les au four 3 min sous le gril.

Salade de fruits jaunes

Remplacez les fruits rouges par des fruits jaunes tels que les pêches, les nectarines ou encore les abricots.

Copeaux aux trois chocolats

Utilisez les trois chocolats : blanc, lait et noir pour faire des copeaux.

Salade de fruits au basilic

Remplacez les feuilles de menthe par des feuilles de basilic.

SMOOTHIE À LA BANANE

Préparation : 5 min • Repos : 2 h • Pour 2 personnes

2 bananes • 1 yaourt nature • 350 ml de lait demi-écrémé • 2 c. à s. de sucre roux

- Mixez les bananes avec le yaourt et le lait demi-écrémé.

- Ajoutez le sucre roux et mixez encore une fois.

- Versez le tout dans un bol puis réservez au frais 2 h minimum.

Smoothie à la banane et à la cannelle
Ajoutez 1 c. à s. de cannelle en poudre

Smoothie à la banane et à la pomme
Ajoutez 1 pomme, épluchez-la et épépinez-la.

Smoothie aux bananes et aux framboises
Supprimez 1 banane et ajoutez 100 g de framboises.

Smoothie à la banane et au chocolat
Remplacez le lait par du lait de soja au chocolat.

Smoothie à la pêche et aux abricots

Remplacez 1 pêche par 5 gros abricots.

Smoothie à la pêche et à la noix de coco

Ajoutez 1 pêche et remplacez le lait demi-écrémé par du lait de coco sucré.

Smoothie à la pêche et aux myrtilles

Ajoutez 100 g de myrtilles.

Smoothie aux fraises et au basilic

Remplacez les pêches par 150 g de fraises et ajoutez 2 c. à s. de basilic haché.

SMOOTHIE À LA PÊCHE

Préparation : 5 min • Repos : 2 h • Pour 2 personnes

2 pêches • 1 yaourt nature • 350 ml de lait demi écrémé • 2 c. à s. de miel

- Épluchez les pêches et mixez-les avec le yaourt et le lait demi-écrémé.

- Ajoutez le miel et mixez encore une fois.

- Versez le tout dans un bol puis réservez au frais 2 h minimum.

TARTE AU CHOCOLAT

Préparation : 25 min • Repos : 3 h 20 • Cuisson : 50 min • Pour 6 à 8 personnes

24 cl de crème fraîche • 100 g de chocolat noir + un peu pour décorer • 120 ml de lait • 2 œufs • 2 c. à s. de sucre en poudre • cacao en poudre, pour saupoudrer

Pour la pâte : 200 g de farine • 2 c. à s. de sucre vanillé • 125 g de beurre

- Préchauffez le four à 180 °C.

- Préparez la pâte. Faites un puits avec la farine et le sucre vanillé dans un saladier. Placez-y le beurre en parcelles et 2 c. à s. d'eau, puis malaxez jusqu'à former une pâte homogène. Laissez reposer pendant 20 min.

- Étalez la pâte entre deux feuilles de papier sulfurisé sur 3 mm d'épaisseur à l'aide d'un rouleau à pâtisserie, puis garnissez-en un moule à tarte beurré de 23 cm de diamètre.

- Faites cuire la pâte à blanc de 10 à 12 min, puis enlevez le papier sulfurisé la recouvrant et faites-la cuire de nouveau pendant 10 min, jusqu'à ce qu'elle soit dorée.

- Pendant ce temps, faites chauffer la crème, le chocolat et le lait dans une casserole à feu doux de 3 à 5 min, jusqu'à l'obtention d'une texture lisse et homogène.

- Fouettez les œufs et le sucre ensemble dans un saladier. Ajoutez le mélange au chocolat au fur et à mesure, sans cesser de fouetter.

- Versez la préparation dans le fond de tarte et faites cuire au four de 25 à 30 min, jusqu'à ce que la tarte ait juste pris.

- Laissez reposer de 2 à 3 h, puis saupoudrez de cacao en poudre et de copeaux de chocolat avant de servir.

Tarte aux cerises et aux groseilles

Supprimez les nectarines et ajoutez 125 g de groseilles.

Tarte aux noisettes

Ajoutez 60 g de noisettes en poudre à la place de la poudre d'amandes. Disposez quelques noisettes entières sur le dessus de la tarte avant d'enfourner.

Tarte aux pommes et aux cerises

Remplacez les nectarines par 3 pommes granny.

Pâte à tarte au chocolat

Remplacez la poudre d'amande par du cacao en poudre.

TARTE AUX CERISES ET AUX NECTARINES

Préparation : 20 min • Repos : 20 min • Cuisson : 1 h • Pour 8 personnes

180 g de poudre d'amandes • 100 g de sucre en poudre + 1 c. à s. pour saupoudrer • 125 g de beurre • 1 œuf + 1 jaune d'œuf • 1 c. à c. d'extrait de vanille liquide • 3 nectarines • 120 g de cerises • sucre glace, pour servir

Pour la pâte : 160 g de farine • 60 g de poudre d'amandes • 75 g de sucre en poudre • 125 g de beurre

- Préparez la pâte. Mélangez la farine, la poudre d'amandes et le sucre dans un saladier. Creusez-y un puits, et placez-y le beurre en parcelles. Mélangez du bout des doigts, puis sablez la pâte en la frottant dans la paume de vos mains.

- Ajoutez alors 2 à 3 c. à s. d'eau et rassemblez la pâte pour former une boule, et laissez-la reposer pendant 20 min.

- Préchauffez le four à 180 °C.

- Étalez la pâte sur 5 mm d'épaisseur à l'aide d'un rouleau à pâtisserie. Garnissez-en un moule à tarte beurré de 22 cm de diamètre et faites-la cuire à blanc pendant 15 min.

- Mélangez vigoureusement la poudre d'amandes, le sucre, le beurre en parcelles, l'œuf, le jaune d'œuf et l'extrait de vanille liquide dans un saladier.

- Quand le mélange est homogène, versez-le dans le fond de tarte. Disposez les nectarines dénoyautées et coupées en deux et les cerises dénoyautées sur la pâte, et enfoncez-les en appuyant légèrement, puis saupoudrez avec le sucre en poudre restant.

- Faites cuire au four de 40 à 45 min, jusqu'à ce que la tarte soit juste prise au centre. Laissez refroidir et servez la tarte saupoudrée de sucre glace.

Tarte aux fraises et à la rhubarbe

Remplacez les poires par 200 g de fraises. Ne les faites pas cuire avec la rhubarbe.

Tarte aux poires et à la figue

Remplacez la rhubarbe par de la figue. Épluchez-la et faites-la cuire avec les poires pendant 20 min à la casserole.

Crumble aux poires, à la rhubarbe et aux Petits Beurres LU®

Une fois les fruits cuits, déposez-les dans un plat à gratin, émiettez des Petits Beurres LU® sur le dessus puis enfournez pour 20 min à 180 °C.

Tarte feuilletée à la rhubarbe et aux poires

Étalez une pâte feuilletée à la place de la pâte filo.

Préparation : 10 min • Cuisson : 35 min • Pour 6 à 8 personnes

3 poires • 350 g de rhubarbe • 4 c. à s. de sucre roux • 60 ml de jus d'orange • ½ c. à c. de cannelle moulue • 1 c. à c. d'extrait de vanille liquide • 40 g de beurre fondu • 4 feuilles de pâte filo • sucre glace

- Épluchez les poires, ôtez la partie dure du milieu et coupez-les en morceaux. Parez la rhubarbe et coupez-la en tronçons de 2 cm.

- Mélangez les poires, la rhubarbe, 2 c. à s. de sucre et le jus d'orange dans une casserole.

- Faites cuire à feu moyen de 15 à 20 min, jusqu'à ce que les fruits ramollissent, puis disposez-les dans un moule à tarte de 24 cm de diamètre.

- Préchauffez le four à 200 °C.

- Pendant ce temps, mélangez la cannelle, la vanille et le sucre restant dans un bol. Ajoutez le beurre fondu et mélangez de nouveau.

- Étalez 1 feuille de pâte filo sur le plan de travail et badigeonnez-la avec la moitié de la préparation au beurre fondu. Recouvrez-la avec une deuxième feuille de pâte filo.

- Recouvrez la moitié des fruits avec la feuille doublée. Répétez les opérations précédentes avec les feuilles restantes et recouvrez le reste des fruits.

- Faites cuire au four pendant 15 min. Saupoudrez de sucre glace avant de servir.

TIRAMISU

Préparation : 30 min • Repos : 1 nuit • Pour 8 à 10 personnes

2 c. à s. de café instantané • 125 ml de marsala + 2 c. à s. pour la garniture • 60 ml de liqueur de café • 3 œufs • 110 g de sucre en poudre • 500 g de mascarpone • 8 cl de crème fraîche épaisse • 375 g de biscuits à la cuillère • 1 c. à s. de cacao en poudre • sel

● Mettez le café instantané dans un saladier et ajoutez 180 ml d'eau bouillante, mélangez, puis versez le marsala et la liqueur de café.

● Cassez les œufs et séparez les blancs des jaunes. Fouettez les jaunes avec le sucre dans un saladier de 4 à 5 min, jusqu'à ce que le mélange blanchisse et devienne mousseux.

● Incorporez alors le mascarpone et les 2 c. à s. de marsala restantes.

● Battez les œufs en neige avec 1 pincée de sel. Incorporez-les délicatement dans la préparation aux jaunes d'œufs, puis ajoutez la crème fraîche.

● Trempez la moitié des biscuits à la cuillère dans la préparation au café de 1 à 2 s, puis tapissez-en le fond d'un plat à gratin.

● Recouvrez les biscuits avec la moitié du mélange au mascarpone, puis ajoutez le reste des biscuits trempés dans la préparation au café et recouvrez du reste de mélange au mascarpone.

● Réservez le tiramisu au réfrigérateur pendant 1 nuit, puis servez-le saupoudré de cacao en poudre.

Trifle aux fraises

Remplacez les framboises par des fraises.

Minironlé à la confiture

Fouettez vivement dans un saladier 6 jaunes avec 3 blancs et 50 g de sucre. Montez les 3 autres blancs en neige bien fermes avec 50 g de sucre. Incorporez-les aux jaunes et ajoutez 30 g de farine, 45 g de Maïzena®. Versez sur une plaque de cuisson puis enfournez pour 10 min à 180°C. Une fois refroidi, tartinez-le de confiture puis roulez-le sur lui-même.

Trifle aux poires et au chocolat

Remplacez les framboises par de la poire coupée en morceaux. Déposez des miniroulés au chocolat au fond des verres.

Trifle à la banane et au chocolat

Émiettez grossièrement un sablé, ajoutez ½ banane tranchée en rondelles et versez dessus de la sauce au chocolat. Décorez avec de la chantilly sur le dessus et servez aussitôt.

Préparation : 15 min • Repos : 1 h • Pour 8 trifles

500 ml de crème anglaise • 250 g de mascarpone • 250 g de miniroulés à la confiture • 200 ml de xérès sec (facultatif) • 250 g de framboises • noix de macadamia

- Fouettez la crème anglaise et le mascarpone ensemble dans un bol.

- Coupez les miniroulés à la confiture en tranches de 1,5 cm et répartissez-les dans 8 verres. Versez éventuellement du xérès par-dessus.

- Ajoutez la crème anglaise au mascarpone et quelques framboises dans chaque verre. Recouvrez-les de film alimentaire et laissez-les reposer au réfrigérateur pendant 1 h.

- Servez les trifles parsemés de noix de macadamia concassées.

TRUFFES AU CHOCOLAT

Préparation : 20 min • Cuisson : 5 min • Repos : 2 h • Pour 15 truffes

12,5 cl de crème fraîche épaisse • 250 g de chocolat noir • 20 g de beurre • 1 c. à s. de Kahlua (facultatif) • 60 g de cacao en poudre

● Faites chauffer la crème dans une petite casserole à feu moyen jusqu'à ce qu'elle frémisse.

● Retirez la casserole du feu et ajoutez le chocolat haché, le beurre en parcelles et éventuellement la liqueur. Mélangez jusqu'à ce que le chocolat ait fondu et que la texture soit lisse.

● Versez la préparation dans un saladier et laissez-la prendre au froid pendant 2 h.

● Au bout de ce temps, prélevez des cuillerées de préparation au chocolat, roulez-les rapidement en boule dans la paume de vos mains, puis roulez-les dans le cacao en poudre et placez-les sur un plateau garni de papier sulfurisé.

● Conservez les truffes au réfrigérateur jusqu'au moment de servir.

VERRINE AUX FRUITS ET AU MUESLI

Préparation : 10 min • Repos : 1 h • Pour 4 personnes

100 g de flocons d'avoine • 1 pincée de cannelle moulue • 250 ml de lait • 3 kiwis • 280 g de yaourt à la grecque • 2 petites pommes rouges • 75 g de graines de grenade • 50 g de pistaches • 75 g de miel

● Mettez les flocons d'avoine et la cannelle dans un saladier et versez le lait par-dessus. Couvrez le saladier de film alimentaire et laissez reposer au réfrigérateur pendant 1 h.

● Épluchez les kiwis et réduisez-les en purée. Mélangez-les avec le yaourt dans un saladier.

● Évidez les pommes et découpez-les en fins quartiers. Concassez les pistaches.

● Répartissez les flocons d'avoine dans 4 bols. Ajoutez par-dessus des quartiers de pommes et la préparation au yaourt.

● Parsemez les graines de grenade et les pistaches concassées puis versez 1 filet de miel dans chaque bol avant de servir.

Verrines aux cookies

Remplacez les flocons d'avoine et le lait par 100 g de cookies aux pépites de chocolat. Mélangez-les avec les fruits et le yaourt.

Muesli à la banane

Remplacez les pommes par des bananes coupées en rondelles.

Verrines aux fruits secs

Remplacez les fruits frais par des raisins secs, abricots secs et figues sèches.

Muesli au lait d'amande

Remplacez le lait par du lait d'amande.

VERRINE AU YAOURT ET AUX MYRTILLES

Préparation : 5 min • Pour 2 personnes

*1 gousse de vanille • 420 g de yaourt à la grecque • 20 g de miel • 110 g
de framboises • 110 g de myrtilles • 10 g de noix de coco râpée*

- Fendez la gousse de vanille en deux dans la longueur et prélevez-
en les graines.

- Mélangez le yaourt, les graines de vanille et le miel dans
un saladier.

- Placez les fruits rouges dans un autre saladier et écrasez-les à l'aide
d'une fourchette.

- Ajoutez les fruits au yaourt et mélangez délicatement de haut
en bas de manière à former un effet marbré.

- Répartissez le yaourt dans 2 coupelles, parsemez de noix de coco
râpée et servez.

Yaourt glacé

Placez 4 yaourts à la grecque au congélateur 1 h avant de les utiliser. Mixez les yaourts avec 100 g sucre semoule.

Yaourt glacé aux cerises et aux mangues

Déposez la purée de mangue au fond de la verrine, versez le yaourt glacé puis ajoutez des cerises dénoyautées sur le dessus.

Yaourt glacé aux brownies

Versez le yaourt glacé dans les verrines puis déposez des morceaux de brownies sur le dessus. Versez du caramel liquide, puis servez aussitôt.

Yaourt glacé aux pêches et à la noix de coco

Mixez 4 yaourts à la grecque avec 4 pêches épluchées, 100 g de sucre semoule et 100 g de noix de coco râpée. Versez dans les verrines et servez aussitôt.

VERRINE AU YAOURT ET AUX FRUITS DE LA PASSION

Préparation : 15 min • Réfrigération : 4 h • Pour 4 personnes

2 mangues • 50 g de sucre en poudre • quelques biscuits pour le petit déjeuner aux céréales • 2 fruits de la Passion • 4 c. à s. de yaourt glacé

- Pelez 1 mangue, émincez-la et mixez-la. Ajoutez le sucre et mixez de nouveau.

- Mettez la purée de mangue dans un saladier, recouvrez-le de film alimentaire et réservez au réfrigérateur.

- Pelez la seconde mangue et coupez-la en fines tranches. Concassez les biscuits aux céréales. Prélevez la pulpe des fruits de la Passion et réservez-la dans un bol.

- Répartissez la moitié de la purée de mangue dans 4 verres, puis ajoutez 1 c. à s. de yaourt glacé dans chacun d'eux.

- Ajoutez les biscuits écrasés et les tranches de mangue, puis disposez le reste de la purée de mangue et la pulpe des fruits de la Passion par-dessus.

- Recouvrez chaque verre de film alimentaire. Placez-les au congélateur pendant 4 h.

- Laissez les verrines à température ambiante pendant 3 min avant de servir.

TABLE DES MATIÈRES

Omelette régressive
Omelette aux tomates confites
et au chèvre frais

PAPILLOTES DE POULET
AUX ÉPICES DU MAROC
Papillotes de pintade
Papillotes aux olives et citron
Papillotes aux patates douces
Papillotes aux raisins secs
Papillotes de poisson

PÂTES AU SAUMON
ET À LA ROQUETTE 70
Pâtes au saumon frais
Pâtes au jambon cru
Tagliatelles au saumon
Pâtes au saumon et aux crevettes

PURÉE AUX CAROTTES ET
AUX PETITS POIS 72
Purée aux lardons
Purée au potiron
Purée de carottes au cumin
Purée de petits pois à la menthe

PURÉE AUX LÉGUMES
ET AU BACON 74
Purée aux oignons et au jambon
Purée aux épinards
Purée de patate douce au bacon
Gratin de purée

QUICHE AU SALAMI ET AU MAÏS 76
Crème de maïs
Quiche au bacon
Quiche aux petits pois
Quiche aux tomates cerises

SALADE AU PORC ET À L'ANANAS 78
Filet de porc au four
Salade au porc et à la mangue
Sauce au miel et au soja
Rouleaux de printemps

SALADE AUX POMMES
ET AU CHÈVRE CHAUD 80
Salade aux amandes et au chèvre
Salade aux pommes
caramélisées et aux noix
Salade aux pommes et
au roquefort
Salade aux pommes et
à la betterave crue

SALADE CHAUDE AU POULET 82
Tortilla de salade de poulet
Salade de pommes de terre
au poulet
Vinaigrette au citron vert
Sauce caesar

SALADE CHAUDE AUX TOMATES
ET AU CHORIZO 84
Salade de tomates au chorizo
et au chèvre
Salade de tomates aux poivrons
Salade épicée

Salade de chorizo et de poulet

SALADE CHAUDE DE LENTILLES
AUX LÉGUMES 86
Croûtons de pain maison
Salade de lentilles corail
Courgettes farcies
Salade de quinoa

SALADE DE BETTERAVE AUX ŒUFS 88
Salade express
Vinaigrette au vinaigre balsamique
Salade au radis noir
Salade de pommes de terre

SALADE DE CAROTTES RÂPÉES
AUX CREVETTES 90
Salade de tempura de crevettes
Salade de céleri-rave
Salade de crevettes aux
clémentines
Sauce salade au lait de coco

SALADE DE POIS CHICHES 92
Houmous
Salade de pois chiches aux
merguez
Salade à l'agneau
Tajine aux aubergines

SAMOUSSAS DE CHORIZO
À LA FETA 94
Samoussas pimentés
Samoussas de saumon
Samoussas de bœuf haché
à la feta
Samoussas de légumes au thon

SOUPE FROIDE AU CONCOMBRE
ET AU YAOURT 96
Soupe de carottes au cumin
Sandwichs à la tomate et à la feta
Soupe de concombre
et de poivrons
Sandwichs au Tartare®

TARTELETTES À LA FETA
ET AUX ÉPINARDS 98
Dip aux épinards
Tartelettes à la mozzarella
et aux épinards
Tartelettes au saumon fumé
Œufs cocotte aux épinards

TARTELETTES À L'AGNEAU
ET AU YAOURT 100
Tarte feuilletée
Tartelettes au curry Madras
Tartelettes de poulet
Burger d'agneau

TARTINADE AU POTIRON
ET AU SÉSAME 102
Tartinade de patate douce
Tartinade de potimarron
et de châtaignes
Tartinade de potiron et de noix
Burgers de bœuf au potiron

TARTINES DE CAVIAR
D'AUBERGINE, DE TOMATES
SÉCHÉES ET D'ANCHOIS 104
Salade de roquette
Caviar de courgette
Tartines aux sardines
Pain aux olives

TARTINES FEUILLETÉES AU CHÈVRE
AU JAMBON ET À L'AVOCAT 106
Sauce tomate au basilic
Tartines de chèvre et d'aubergines
Tartines feuilletées au chèvre
et au miel
Pizza au chèvre et au jambon

TIMBALES À L'AGNEAU
ET AUX LÉGUMES À LA FETA 106
Timbales au tofu
Timbales à l'agneau
et aux pois chiches
Gratin d'agneau
Timbales de poulet au boulgour

À EMPORTER
. . . .

BAGELS AU SAUMON
ET AU FENOUIL
Bagels épicés
Bagels aux crevettes
Bagels au cheddar et au bacon
Bagels au bœuf haché
et aux poivrons

RIZ EXPRESS AU FOUR
À LA JAPONAISE 114
Riz express au four à micro-ondes
Poulet au sésame
Bœuf aux champignons noirs
Crevettes croustillantes

CAKE SALÉ AUX PATATES
DOUCES ET AU PESTO
Pesto rouge
Pesto de courgettes
Cake aux patates douces et feta
Cake au four à micro-ondes

CLUB-SANDWICH
AU THON ET À L'AVOCAT
Club-sandwich au Boursin®
Club-sandwich au jambon
et aux pommes
Sandwichs au thon et à la tomate
Sandwichs au bacon et aux œufs
brouillés

HOT-DOGS AU CHORIZO 102
Hot-dogs classiques
Hot-dogs de courgette
Mayonnaise à la tomate
Hot-dogs au chorizo et à l'Etorki

HOT-DOGS EXOTIQUES 122
Pickle de mangue

Hot-dogs au chou et aux carottes
Pickle de concombre
Hot-dogs à l'agneau
et aux pois chiches

MAKIS AU CONCOMBRE
Makis au concombre et au fromage
Makis au saumon
Makis aux crevettes et à la mangue
Makis à la truite fumée

PITAS AU RÔTI DE PORC
Pitas au rôti de porc
Pitas au rosbif et au concombre
Sauce à l'ail
Pitas au poulet et au piment

PITAS AUX GALETTES
DE POISSON 128
Pitas au colin
Galettes de poisson à la coriandre
Pitas au curry
Tortillas de galettes de poisson

PITAS AUX ŒUFS DURS 130
Mayonnaise maison
Pitas au thon et au maïs
Pitas au poulet
« Pizzas pita »

POLENTA CRÉMEUSE AUX HARICOTS 132
Frites de polenta
Polenta au parmesan
Polenta au chèvre frais
Polenta au maïs

QUESADILLAS AU POULET 134
Salade à l'avocat
Quesadillas pimentés
Quesadillas au bœuf haché
Enchiladas

ROULEAUX DE PRINTEMPS 136
Rouleaux de printemps aux
cacahuètes
Rouleaux de printemps au wasabi
Rouleaux de printemps sucré salé
Sauce soja au fruit de la Passion

SALADE AU POULET ET
À L'AVOCAT 138
Salade de poulet au quinoa
Sandwichs au poulet
Salade de poulet aux brocolis
Salade de poulet aux abricots

SALADE CÉSAR 140
Salade césar au parmesan
Salade césar épicée
Salade au saumon fumé
Pitas à la salade césar

SALADE COMPOSÉE
AU CHOU ET À LA COURGETTE 142
Salade à la pomme
Salade au chou blanc
Salade à la betterave
Salade de dinde

CRÉDITS PHOTOGRAPHIQUES

Toutes les photographies de ce livre proviennent du fonds de l'agence **Oredia**,
à l'exception des images suivantes :
Fotolia : p. 341, 355, 371, 389, 391

Dans la collection 1001 recettes
Cuisine au micro-ondes / Cuisine végétarienne / Chocolat / Apéritifs dînatoires / Bar à cocktails
Cuisine de bistrot / Cuisine de marques / Cuisine de New York / Cuisine de nos régions
Cuisine des familles / Cuisine des grandes tablées / Cuisine des saisons / Cuisine du monde
Cuisine économique / Cuisine facile / Cuisine légère / Cuisine pour nos enfants
Desserts et gourmandises / Gâteaux et délices / La cuisine rapide / Les plats uniques
Plaisirs au chocolat / Plancha, brochettes, barbecue

Conçu et réalisé par Copyright 2.0 pour les Éditions Solar
Rédaction : Aurélie Desgages
Création graphique : Jean-Louis Massardier et Bertrand Loquet
Coordination éditoriale : Sophie Zeegers
Mise en pages : Aurélie Lequeux
Photogravure : Franck Collomb
Fabrication : Stéphanie Parlange et Cédric Delsart

Retrouvez d'autres recettes de l'auteur sur son blog www.cookinglili.com.

Couverture
Création et réalisation graphique : Claire Guigal

© 2015, Éditions Solar

ISBN : 978-2-263-06960-4
Code éditeur : S06960
Dépôt légal : août 2015

Achevé d'imprimer en juillet 2015
Imprimé en Pologne

Solar | un département **place des éditeurs**

place
des
éditeurs